お寺の行動経済学

中島隆信

東洋経済新報社

はじめに

おててのしわとしわを合わせてしあわせ

仏壇店のコマーシャルで有名なこのフレーズをご記憶の方も多いだろう。私たちにとって〝祈り〟はとても身近な行為である。

私たちは、常に何か特別な存在を信じて祈っているわけではない。そして、そこに強い信仰心があるとは限らない。早朝に富士山に登頂すれば、ご来光と言って太陽に手を合わせるし、初詣に行っても手を合わせる。観光のため訪れた寺であっても、仏像があれば手を合わせるが、その寺がどのような宗派に属し、どのような教えを唱え、なぜその仏像がそこにあるかについて、必ずしも詳しく知っているわけではない。

また、私たちは特定の目的を持って祈ることもある。入学試験や資格試験を控えた受験生が神社や寺に参拝し、お守りを買い、境内に絵馬をかける。交通安全祈願をして車にステッカーを貼る。健康を願って厄除けのお札を棚に飾る。プロ野球選手らが神社で必勝祈願をする姿はよく見かける光景だ。

なぜこうした行為をするのだろう。「願いを叶えてほしいから祈っているに決まっているじゃないか」という声が聞こえてきそうだが、よく考えてみてほしい。合理的な人間ならば、祈る時間があったら、確実にリターンが期待できる行動をとるはずではないだろうか。受験生は勉強に励み、ドライバーは時間に余裕を持って安全運転を心がけ、中高年は生活習慣を見直し、プロ野球選手は練習に励むべきだろう。祈る時間やおカネが無駄だとは思わないのだろうか。

また、私がインタビューした人たちのほとんどは、祈ったからといって願いが叶うわけではないことも知っているようだ。冷静に考えてみよう。仮に、祈って合格するならすべての受験生が祈り、全員が合格するはずである。しかし、全員が合格できないことは誰でも知っている。どんなに健康祈願をしたとしても、人間にとって死が避けられないことは当然だろう。それでも多くの人たちは祈願をする。

本書の第1の目的は、こうした一見不合理と思える行動の理由を考えることである。近年では、心理学と経済学を融合した行動経済学という分野において、パーフェクトな合理性を前提とする従来の経済学の理論では説明できない行動を探し出し、新たな理論を提示する試みがなされている。本書でも、これまでの行動経済学の研究成果を応用して、なぜ祈るのか、そして祈り続けるのかを説明する。

本書の第2の目的は、こうした祈りの場のひとつである仏教寺院にスポットを当て、なぜ仏教が一般の人たちに祈りを提供するようになったのかを考察することである。釈迦の唱えた教えは、私たちが生きていくなかで〝老病死〟の苦しみから解脱するために、こだわりを捨てよということであった。そうだとすると、何かを求めて祈るという行為は、釈迦の教えと矛盾するように思える。実際、仏教は人生哲学であって、宗教ではないという見方があることも事実である。

しかし、単に〝こだわりを捨てよ〟というだけでは、「できました」という人と「できません」という人に分かれるだけであって、宗教としての広がりを欠くことになる。仏教が日本に伝わり、それが寺院という具体的な信仰の場を形成し、現在に至るにはそれなりの理由があったに違いない。

この問題を考えるうえで避けて通れないのが、現在の仏教寺院の主たる活動となっている葬式との関連である。葬式は基本的に死者のために行う宗教活動であって、それが現世に生きる人たちにとって、どんな意味を持つかを説明する必要がある。すなわち、葬式や法事が、本来的には宗教活動であるとするならば、祈りとの関係について整理しておかなければならない。

仏教ならびに寺院の歴史を振り返ると、飛鳥・奈良時代から江戸時代まで、紆余曲折を経ながらも、それなりに政府の後ろ盾もあり、祈りと葬式の二本立ての事業によって安定的に運営されていたことがわかる。ところが、明治政府による神仏分離政策以来、祈りは神社との厳しい競争に晒されるようになり、近年では稼ぎ頭であった葬式にも翳りが見え始めている。その背景には、地方における過疎化の進行と、都市部における葬儀社の台頭がある。

過疎化は寺のサポーターである檀家の減少をまねき、多くの寺院は単独での経営が成り立たない事態をまねいている。一方、葬儀に関しては、明朗会計と低価格を売り物とする葬儀社が主役となって葬祭事業を取り仕切り、僧侶がその手伝いをするという主客逆転の様相を呈している。巻き返しを図る寺院サイドは、機械式納骨堂を備えたビル型の墓地を建設し、宗派不問のなり振り構わぬビジネスを展開して顧客の獲得に乗り出している。

地方と都市で同時に起きているこうした地殻変動に対して、仏教教団としてどのような手を打っていくべきなのか、それを考えるうえで大きな役割を果たすのが、組織のガバナンス（統治）である。本書の第3の目的は、非営利組織のひとつである宗教法人のガバナンス体系を説明し、教団に突きつけられている課題への対処能力を検証することである。

私たちは人生のさまざまな節目で祈る。それは昔も今も変わることがない。祈りには明確な動機があり、それを実施する場としての寺とその手助けをする僧侶がいる。はたして日本の仏教は、現代人の祈りと積極的に関わっているのだろうか。本書のまとめは、これまでに示した3つの目的に照らしたうえで、今後の寺院と僧侶のあるべき姿について考えることである。

憲法20条の【信教の自由】は、国民に祈りの多様性を保障するものである。そのおかげで、私たちはさまざまな信仰を持つことができるようになったが、同時に〝イカサマ宗教〟の危険にも晒されるようになった。マインドコントロールや霊感商法などを活用したグレーゾーンの宗教が存在するなか、私たちは宗教の根幹をなす〝祈り〟についてしっかりと学び、〝本物〟と〝イカサマ〟を区別する術《すべ》を知っておかなければならない。本書が少しでもその役に立てたとすれば、筆者としてそれに優る喜びはない。

目　次

はじめに

第1章　祈りの行動経済学 —— 1

1　祈りの心理的効果　2

祈りの価値はどれくらいか／合格祈願をする人たちは合格する／祈願をやめなければよかったのに……

【コラム1】損失回避する学生

2　誤った判断によって生じる祈り　12

うまくいったときだけ／占いって当たってる？／祈願をしなくても／そういえば……

目　次

3　都合よく解釈してしまう　24

イカサマを見分けるコツ／証明できなければ詐欺ではない／本当に効いてるの？／当たってる！／お不動様は特別です

4　面倒くさがる私たちの脳　35

そろそろ厄除けやっとくか／おみくじのご利益／どこでご祈願やろうかな？

5　〝おカネ〟の問題　43

祈禱料の決め方／松竹梅ならどれを選ぶ？／儀式は〝別腹〟／布施で〝ピッ〟はダメ／「もったいない」は本当に勿体ない

6　信仰心を形成する心理的要因　58

お供えはフェアネスの精神で／継続は〝信仰心〟なり／「お気持ちで」の意味とは？／後に引けなくする儀式／いい顧客を集めよう／来世があってこそ現世がある

【コラム2】〝空気〟という名の信仰

第2章　仏教における祈り――77

1　祈りのニーズはなくなるのか　78

2　仏教の成り立ちと宗教への移行　81

仏教の始まり／原始仏教の宗教化

3　日本仏教における祈り　88

奈良仏教／密教における祈りと現世利益／浄土宗における現世利益の考え方／浄土真宗における現世利益の考え方／禅宗における現世利益／日蓮宗で現世利益が肯定される背景

【コラム3】圓福寺にて

4　葬式仏教を考える　108

葬式仏教の成り立ち／葬式仏教はどのように広まったか／葬式仏教における祈り／見えてくる日本仏教の課題

【コラム4】沖縄の仏教事情

第3章　お寺のガバナンス――125

1　非営利組織のガバナンス　126
所有者のいない組織／非営利組織のガバナンスの難しさ

2　お寺のガバナンス構造　134
宗教法人の法的な位置づけ／仏教宗派における法人の体系

3　改革待ったなしの宗教法人制度　140
不活動宗教法人問題／何でもありの生き残り策／宗教法人改革の私案／求められる撤退のしくみ

【コラム5】兼務寺院を訪ねて
【コラム6】浄土真宗における不活動宗教法人対策
【コラム7】浄土真宗の〝教義〟ガバナンス

第4章　お寺は生き残れるのか　163

1　現世利益再考　164
現世利益はイカサマなのか／コミットメント再考／祈れない、祈れない浄土真宗

2　葬式仏教の今後　171
葬式の意味が変化した／恐山で学んだこと／死の体験旅行

3　現代における祈り　177
現代人を救え／人生のコミットメントに関わる

おわりに　185
参考文献　189

第1章 祈りの行動経済学

「はじめに」で示したように、祈りの動機を従来の経済学の理論で説明することは難しい。なぜなら、祈ったからといって、願いが必ず叶うとは限らないし、祈るために時間やお金をかけるくらいならば、それを成功確率を高める活動に使った方が望ましいと思えるからだ。それでも、私たちはさまざまな機会に祈る。

本章は、祈りのメカニズムを心理学と経済学の融合である行動経済学によって説明する。そこでは、さまざまな心理的要因によって生じる〝歪み〟や〝バイアス〟が、祈りの動機に影響を与えていることが明らかにされる。そして、祈りを提供する教団サイドも、意図しているかいないかにかかわらず、そうした要因を巧みに利用しているのである。

1 祈りの心理的効果

祈りという非合理的に見える行動の動機は、合理性を前提とした従来の経済学では説明が難しい。そこには、行動経済学の考え方の基本となる心理的要因が潜んでいる。

祈りの価値はどれくらいか

病気平癒や学業成就といった祈願の動機は何だろうか。祈願は保険のようなものという意見も耳にするが、保険が発生した損失を保険金によってカバーするリスクヘッジの手段であるのに対し、祈願は損失そのものをなくしたいという動機に基づく行動といえる。したがって、祈願のメカニズムは行動経済学のプロスペクト理論によって説明するのが妥当である。

プロスペクト理論が従来の経済学と異なる特徴のひとつは、特定の行為を実行する時点での状態を〝参照点〟としたうえで、そこから発生する利益と損失をどう評価するか考えている点である。

たとえば、〝商売繁盛〟の祈願を想定しよう。すでに儲かっている会社が祈願するケースと赤字決算すれすれの会社が行うケースでは、祈願の意味が大きく異なるように見える。しかし、現時点での損益を〝参照点〟だとすれば、どちらも今より利益を減らしたくないことに変わりはない。これは健康祈願や合格祈願についても同様である。現在の健康状態がどうであれ今よりも悪くなることは避けたいし、受験生の学力レベルに関係なく第一志望校が不合格になるのはいやなことだ。

プロスペクト理論のもうひとつの特徴は、〝参照点〟を基準に損をするか得をするかで評価が異なる点だ。すなわち、得については従来型の経済理論が示す〝リスク回避的〟行動をとるが、損についてはその発生自体を好まず、損をなくすためならリスクをとりにいくということだ。これは医療現場などで、完治を強く望むがゆえに、失敗すれば命を縮めかねない危険な手術をあえて選択するケースに相当する。

この2つの特徴を示したものが図1・1である。図の第1象限はリスク回避的に描かれ、第3象限はリスク愛好的になっている。また、第3象限の曲線は第1象限より傾きが急であり、損失の発生を嫌う傾向を示している。

この図を用いて、健康祈願のしくみを説明しよう。ここでの参照点は、祈願時点の状態（現状）と想定する。普通の健康状態の人が厄除けなどの健康祈願をする場合、Bを得るというよりもAを避けることが目的と考えられる。その場合、aの遺失価値に相当する祈願を行うだろう。

図1.1　プロスペクト理論の価値関数

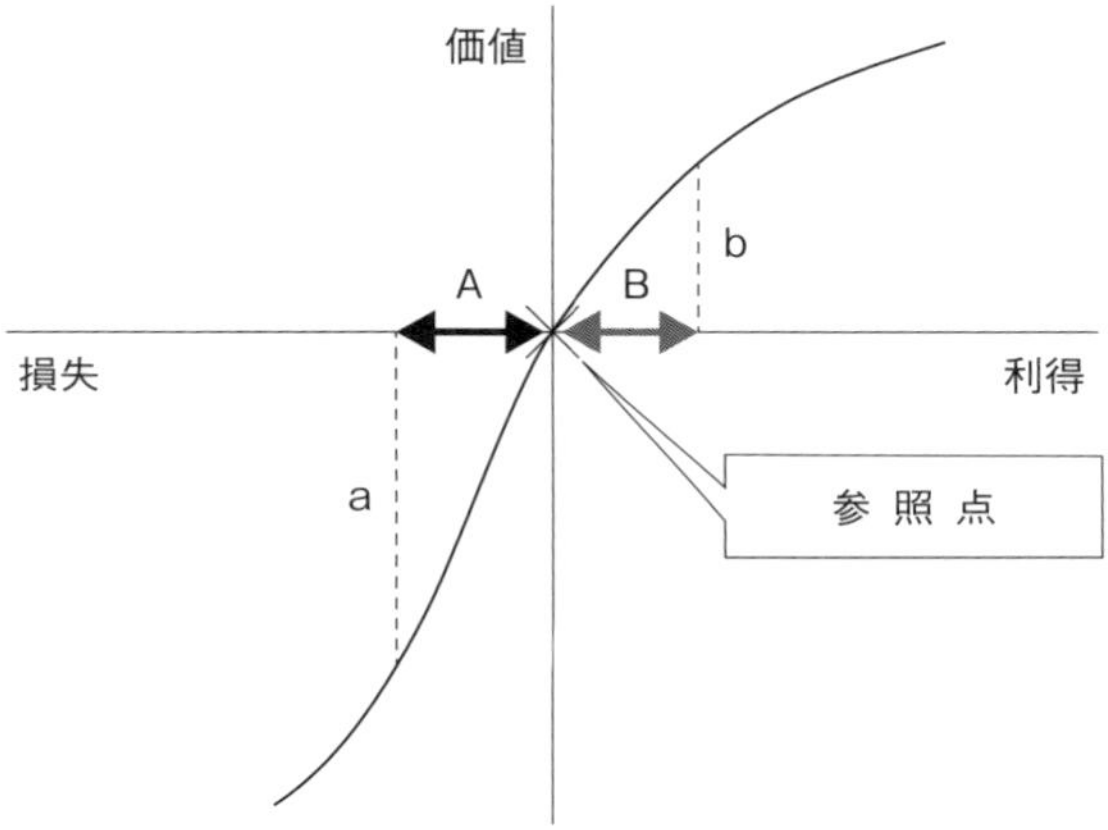

他方、現在、慢性疾患を患っている人が症状の緩和を求めて祈願する場合は、Aを避けるよりもBを求めてbに相当する価値の祈禱を行うことになる。また、急性期の患者あるいはその家族が祈願するときは、A（死亡）を避けB（完治）を期待するので、a＋bに相当する価値の祈禱を行うと推測される。したがって、他の事情を一定とすれば祈願の価値は

急性期疾患＞健康祈願＞慢性期疾患

の順になることが予想される。試験合格や商売繁盛の祈願では、Bを得ることが目的になるので、bの価値を持つだろう。

祈禱寺院の住職の話によると、急性期疾患関連の祈禱では祈禱料の金額は大きいものの1回

限りに留まるケースが多い一方、健康祈願では額は少ないものの長続きするそうである。また、慢性期疾患の症状緩和を祈るケースでは、たとえば長野・善光寺にある釈迦の弟子賓頭盧《びんずる》をかたどった〝おびんずるさん〟像の疾患に相当する部位をなでたり、浅草・浅草寺でお香の煙を痛めている場所に振り向けるという感じになるだろう。これはほとんどコストがかからず、寺院の収入にもならない。

合格祈願をする人たちは合格する

〝学問の神様〟と呼ばれる菅原道真を祀った天満宮は、受験シーズンを迎える頃に多くの受験生やその保護者で賑わう。境内に設けられた〝掛所〟には大量の絵馬が吊されていて、その文面の多くは「〇〇に合格できますように」といった祈願文である。同様の風景は、諸祈願を受け付ける寺院でも見られる。

こうした行為は経済学では非合理的と解釈される。なぜなら、祈願をすれば合格確率が上がるという科学的な根拠がない一方、寺社への参拝に要する時間があるならそれを受験勉強に充てた方が合理的と思えるからだ。しかし、こうした祈願がなくなる気配は見られない。だとすれば、合格祈願に何らかの〝ご利益《りやく》〟があると判断せざるを得ない。

この一見不可解な現象を説明するには、A・トベルスキーとD・カーネマンが提唱した〝確

コラム1

損失回避する学生

私が大学で担当している講義の評価方法を紹介しよう。それは、講義を履修した学生に対して、毎回の講義を聴いたあとでレポートを提出してもらい、その内容を見て点数をつけ、学期末にそれを合計してSからD（不合格）までの評価を与えるというものだ。そしてその評価を学生に知らせたうえで、評価を変えたければ、学期末レポートを提出することができると伝えている。

そこでのポイントは、学期末レポートの課題である。それは、「○○について論ぜよ」というような漠然としたものではなく、きっちりと正解が出る計算問題の形式である。そして、その点数は平常点と加重平均される。したがって、その出来によっては、平常点を下げてしまう可能性もある。

計算問題にするのはなぜかというと、もし漠然とした課題にすると、学生は学期末レポートを平常点の〝救済措置〟だとみなし、履修者のほぼ全員があることないことを力任せに書いてくるという事態をまねくためだ。採点の客観性や負担の重さを考えるとそれは避けたい。こちらとしては、多くの学生に平常点で満足してもらいたいのである。

当然予想される結果として、これ以上評価の下がらない平常点Dの学生は、学期末レポートを提出してくる。逆に、平常点Sの学生は、それ以上は上がらないので出してこない。問題となるのはA～Cの学生だ。学期末レポートは計算問題であり、しっかりと勉強すれば点数がとれるため、評価を上げるチャンスでもある。ところが、ほとんどの学生はレポートを提出してこない。

その理由はいろいろあるだろうが、私はプロスペクト理論における損失回避行動ではないかと考えている。つまり、図１・１が示すとおり、プラスとマイナスが同じならば、マイナスの方をより強く評価するため、レポートを出さないという選択をするのではないかということだ。そして、それがA～Cの学生すべてにほぼ共通した行動になるのは、すでに与えられている平常点が参照点になっているからである。

学生がこうした行動をとってくれているおかげで、私は学期末レポートの採点負担をかなり軽減できている。もちろん、そのためには、学生に納得してもらえる平常点をつけるべく、しっかりと毎回のレポートを読んでいることは言うまでもない。

図1.2　確率加重関数

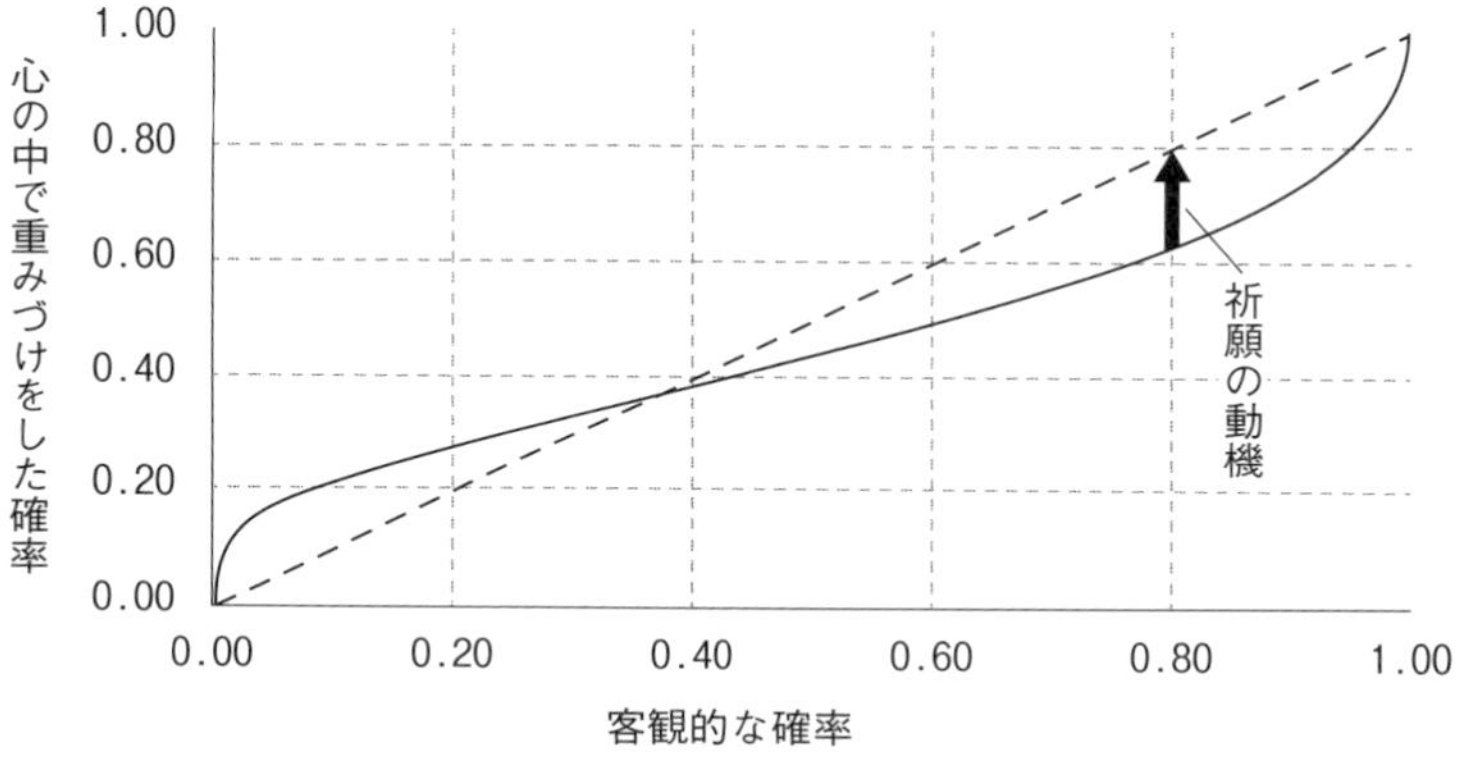

率加重関数〟の考え方が役に立つ。これは、主観確率と客観確率の間に乖離があることを実験によって指摘したもので、私たちは自分たちの関わる事象について客観確率に重みをつけて確率を想定しているというのである。

図1・2をご覧いただきたい。この図で特徴的なのは、客観確率が低い人は自分の置かれている状況を楽観的に捉えがちで、逆に高い人は悲観的になりやすいという点である。受験を例にとるならば、志望校がE判定となっている受験生は「うまくすれば合格できるかもしれない」と思っている一方、A判定やB判定の受験生は逆に「当日体調が悪くて失敗するかもしれない」と心配しているという感じだ。

この場合、確率加重関数の考え方によれば、後者の受験生が祈願する可能性は高くなるだろう。

なぜなら、客観確率と主観確率のギャップを神仏の力によって埋めようとするからだ。一方、E判定の受験生は、もともと合格確率が低いことも承知しているので、祈願にコストをかけるのは無駄だと思うだろう。

このように考えると、祈願のご利益が発生する理由も理解できる。つまり、もともと合格確率の高い受験生が寺社を訪れ、お札を買ったり、絵馬を掛けたりしているのだから、ご利益があるのは当たり前ともいえるのだ。

もちろんこれは合格祈願に限った話ではない。健康、交通安全、商売繁盛、安産等の諸祈願の場合も同様の考え方が当てはまる。日頃から健康管理に気を配っている人が〝ダメ押し〟の意味で祈願をするのであって、暴飲暴食に明け暮れている人が生活習慣病にならないように祈願をするとは考えにくい。日頃から安全運転を心がけている人、仕事熱心な経営者、胎児の健康を気にかけている妊婦などが、それでも降りかかるかもしれない不運を気にかけて祈るのだ。

また、祈願は必ずしも自分のためだけに行うとは限らない。親や祖父母が子や孫の健康や合格のために祈ることも頻繁に見られる。いわゆる〝お受験〟や中学受験などはむしろ当人より親の方が祈願する傾向にある。なぜだろうか。

その理由は、本人と家族の間にある情報の非対称性にあると考えられる。たとえば受験生の学力についていえば、本人は自分のことなのでよくわかっているだろうが、家族はそこまで正確に把握していないかもしれない。そうだとすると、受験生本人が少しでも不安な様子を見せれば、図1・2で示される〝加重〟はさらに増すことから、祈願のインセンティブは本人よりも強くなるはずだ。

祈禱寺の住職の話では、合格祈願は本人や親よりも祖父母の方が圧倒的に多いと聞く。情報の非対称性は親との間よりも祖父母との間の方がより強いため、このような結果になるのは当然といえるだろう。

祈願をやめなければよかったのに……

私事で恐縮だが、2005年に『お寺の経済学』を執筆して以来、意識的に現世利益《げんぜりやく》（信仰によって現世で願いが叶うこと）を求める宗教的な行為は避けてきたように思う[1]。つまり、寺社での賽銭、お守り、お札等は買わないようにしていた。ところが、それから9年後、子どもの大学受験を控えた秋に、私は〝禁〟を破って酉の市で〝縁起物〟の熊手を買ってしまった。その理由は、確率加重関数の項で説明したとおりである。

無事に合格できたのはよかったのだが、問題はその後である。お礼参りもかねて翌年もその神社に行ってお役御免となった熊手を返納したのだが、困ったのは新しい熊手に買い換えるかどうかだった。そのとき、「ここで止めると何か悪いことが起きるのではないか」との考えがよぎり、また熊手を購入することにした。

2年ほどそれを続けたが、さすがに3年目には〝原点回帰〟すべきと判断し、返納だけして買い換えをしなかった。するとその冬、家内の父が階段から滑り落ちて肩を骨折するという事故が起きた。家内曰く「やっぱり新しい熊手を買わなかったのがいけなかったんじゃないの?」

私たちは、いったん特定の祈願をスタートさせるとなかなか止められなくなる。新年の初詣然り、酉の市の熊手然りだ。止められない理由は、私が経験したように、止めて何かあったとき「止めたから不幸が起きた」「続けるべきだった」と後悔したくないからだ。[2] これと同じ現象は、仏滅には慶事を避ける、友引には葬儀をしない、名前の画数にこだわる、といった風習にも見られる。普段から「仏滅なんか気にしない」と公言していても、いざ結婚式を挙げる段になれば、後年、2人の仲がうまくいかなくなったときに「やっぱり仏滅に式を挙げたからだ」などと後悔したくはないかもしれない。

ただ、ここで注目すべきは、こうした後悔が科学的な根拠に基づくものではないという点だ。たとえば、暴飲暴食や過度の喫煙によって健康を害したり、ギャンブル依存で貧困状態に陥ったりした場合などでは、因果関係が明確なため、「止めておくべきだった」という後悔が起きてもまったく不思議ではない。

だが〝熊手を買わないと階段から落ちる〟ことの科学的な根拠はない。あくまで私たちの頭の中で因果関係を作り上げ、それに縛られているのである。とはいえ、信者サイドが自身の思い込みでお札等の購入を継続しているのであれば、それに対して外部の人間が口を差し挟むのは〝余計なお世話〟になるだろう。

しかし、因果関係を教団側から強く示唆され、それによって信仰を止められなくなっているのであれば注意が必要だ。たとえば、ご利益があるからと高額な物品の購入を促されたうえに寄付も求められ、「しないとご利益が薄まる」と脅かされたり、逆にご利益がなかったときには、「寄付が少なすぎたから」などと言われるのであれば、それはもはや宗教活動ではなく悪質な脅迫である。後悔したくないという動機から祈りを続ける場合には、その動機が教団による悪質な意図で利用されやすいという点に十分留意すべきだろう。

2　誤った判断によって生じる祈り

祈りは、人間の合理的な判断を歪ませることによって生まれることが多い。そうした歪みを当たり前だと思うことによって、信仰は徐々に深まっていく。これはときに、祈りを暴走させることにもつながる。

うまくいったときだけ

失敗したことには目をつぶり、うまくいったことだけを覚えていて他の人に話すことはないだろうか。また、失敗すれば表舞台からは消えてしまうので、私たちが目にする現象は成功したことだけになりがちだ。行動経済学ではこのような成功事例だけをもとに判断してしまうことを生存者バイアスと呼ぶ。この問題を最初に指摘したのは、Ａ・ウォールドという統計学者である。重要な内容を含むので以下に紹介する。

第二次世界大戦中、米国の海軍分析センターが戦地から帰還した航空機を解析し、最も損傷が多かった箇所を補強するよう指示を出した。それに対し、ウォールドは生還した航空機の損傷部位ではなく、損傷を受けていない部位を補強するよう提案した。その理由は、帰還した航空機に空いた穴は、損傷を受けても無事に戻ってこられる部位を示しており、損傷を受けていない箇所を撃たれた航空機が戻れなくなっている可能性が高いと考えられるからだ。まさに目から鱗の指摘で、統計学者の面目躍如といえるだろう。

この考え方を祈りに応用してみよう。合格祈願や厄除けをしたとき、ご利益を得られた人と得られなかった人が仮に半々だったとしても、得られた人の情報の方が表に出やすいだろう。なぜなら、祈願をしても病気が悪化したり不合格だったりした人は、結果が芳しくなかったことをあえて表に出さないと思われるからだ。他方、ご利益があった人は、祈願が良い結果をもたらしたことを周囲に知らせるだろう。

この傾向は祈禱や厄除けで有名な寺社ほど強く出ると考えられる。なぜなら、こうした寺社には多数の信者が訪れるため、ご利益の有無が半々だったとしても、あった人の数は必然的に多くなるからだ。その結果、ご利益のある寺社だと評判が高まり、さらに多くの参拝者を集めるという循環を生む。

これと同じ現象は宝くじ売り場にも見られる。「ここから3億円の当たりが出ました！」などと書かれたのぼり旗を立てて宣伝している売り場には、「そこで買えば当たるのではないか」と思って多くの人が並ぶのだが、くじが多く売れればそれだけ当たりの数も増えるのが道理である。そもそもどこで買っても当たる確率は同じだし、決して表には出さない〝ハズレくじ〟の数も桁違いに多いに違いない。

この生存者バイアスは、1節で述べた確率加重関数と組み合わせることで、さらに強化される。たとえば、受験者が1万人で合格者が100人の資格試験について考えよう。1万人のうち、合格確率の高い受験者と低い受験者は半数（5000人）ずつで、合格者100人のうち前者が8割を占め、後者は2割だとしよう。確率加重関数を前提に、合格確率の高い受験者のうち祈願する割合を9割、低い受験者のそれを5割だとし、祈願してもしなくても合格確率に違いはない（ご利益はない）と仮定すると、表1・1のような結果となる。

表1.1　合格祈願の強化モデル

	合格確率高い		合格確率低い		計
	祈願する	祈願しない	祈願する	祈願しない	
総数	4,500	500	2,500	2,500	10,000
合格	72	8	10	10	100

ここで生存者バイアスがあるとすれば、情報が表に出やすいのは合格者のうちの祈願した割合で、その値は82%ときわめて高くなる。実際にご利益はないと仮定しても、あったように見えてしまうのである。この数値が拡散されれば、合格祈願のご利益への信仰をさらに強めるだろう。そうして合格祈願は継続されるのである。

ご利益の有無を正しく確かめたければ、受験者をランダムに選んで2つのグループに分け、一方には祈願をさせ、もう一方には祈願をさせず、合格結果を2つのグループで比較する方法が考えられる。実際、この種の実験を行った例がR・ドーキンス『神は妄想である』で紹介されている。人類学者のF・ゴルトンは、祈りの有効性を確かめるため、英国の王家の健康状態と一般の人の健康状態を比較し、もし祈りが有効であるなら王家の人々の方が良好でなければならないとの仮説を立てた。なぜなら、王家の人々は一般人よりも圧倒的に祈られているからである。検証の結果、この仮説は棄却されたという。

また、R・スタナードは、心臓医の協力を得て、心臓バイパス手術を受けた患者を、祈りを受けそれを知らされないグループ1、祈りを受けずそれを知らされないグループ2、そして祈りを受けそれを知らされたグループ3に分け、予後の比較を行った。結果は、グループ1と2の間には有意な差はなかったが、これら2つのグループとグループ3との間には有意な差があり、しかも3の方が予後が悪かったという結果を得た。これについて、実験に関わった担当医は、祈りを受けていることを知らされたことによって、患者が「自分はよほど悪いのではないか」と不安に思ったせいではないかと述べたという。

これらの実証結果は、祈りのご利益を否定する内容ではあるが、それに対して神学者からは、この手の祈りは〝正しい〟ものではなく、本来の祈りとは本人の意思に基づくものでなければならないとの反論を受けたそうだ。本人の意思に基づくとすると、確率加重関数問題が発生するので、ご利益にバイアスが生じる。一方で〝作られた祈り〟は効果がないという。正しい実験をするには、心から患者の快癒を願っている配偶者や親族が祈る場合と祈らない場合で比較するのがよいのだろうか。ただ、こうしたケースで祈らない人が本当にいるのか疑わしくもなる。祈りの効果を実験によって確かめることはきわめて難しいといえそうだ(3)。

占いって当たってる?

私たちは何か想定外のことが起きたとしても、いったん抱いた自分の考えをなかなか変えよ

図1.3　ウェイソンの4カード問題

一方の面に文字が，別の面に数字が書かれたカードが4枚ある．さて，「もし，あるカードの片面に母音が書かれているならば，別の面には偶数が書かれている」という規則が成り立っているか確かめるには，どのカードを裏返す必要があるだろうか．

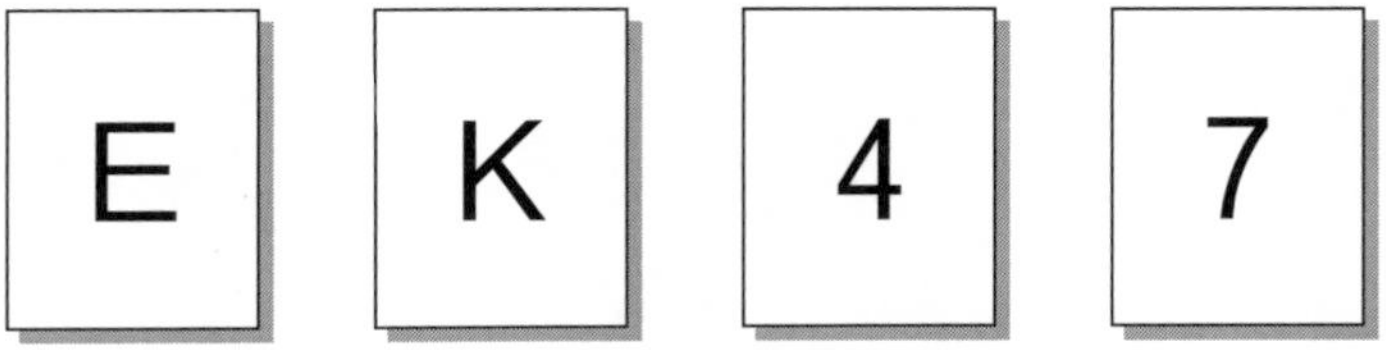

うとはしない。なぜなら、考えを変えるのはとても面倒なことだからだ。このように、物事を判断するとき、自分の考えに結びつけようとすることを心理学用語で確証バイアスという。この存在を示す実証実験として有名な〝ウェイソン選択課題〟を以下に紹介しよう。[4]

これは、図1・3のような4枚のカードを示したうえで、「母音の裏には偶数がある」という命題を証明するためにどのカードをめくればよいかを問うものである。このとき、大多数の人は〝E〟と〝4〟をめくってしまうことが知られている。正解は〝E〟と〝7〟なのだが、私たちは命題にある〝母音〟と〝偶数〟という言葉に引っ張られ、深く考えずにその両者が表示されたカードをめくるというのだ。これが確証バイアスと呼ばれるゆえんは、「仮説に反する証拠を探そうとはせず、仮説を支持する証拠だけを探す」(箱田ほか『認知心理学』)ためだとされる。[5]

自分の考えに合った情報ばかりを集め、その正しさを確認するという現象は私たちの身の回りでも頻繁に見られる。たとえば、あるサイトから私の誕生日占いを見ると、

自分の考えを常に持っている生真面目な努力家とされています。そのため、周囲の人からは地味な人、暗い人と思われることもありますが、性格は穏やかで人に優しく、落ち着いた所作を生まれながらに持っているので、年齢が上がるにつれて頼りがいのある人となるでしょう。現実を重視するあまり、理屈っぽく神経質な面もありますが、目標をみつけるとそれに向かって好奇心旺盛にチャレンジしていく傾向があります。周囲の人を味方につけ、応援してもらうことで、本来の理知的な才能を開花でき、目標を達成することになるでしょう。

と出てくる。このなかで、「生真面目な努力家」で「理屈っぽく神経質な面」があり、「目標をみつけるとそれに向かって好奇心旺盛にチャレンジしていく」という記述（だけ）に着目して「当たってる！」と妙に納得する（?）が、これは研究者であれば備わっていて当然の特徴であって、誕生日に依存するとは思えない。

次に、この確証バイアスが祈りの有効性に対してどのような働きをするかを検討しよう。こ

れまで述べてきた心理的な要因によって祈願のご利益を信じるようになると、その考えがその後の判断に影響を与えると考えられる。たとえば、健康祈願をしていたにもかかわらず病気になった、交通安全祈願をしたのに事故に遭った、合格祈願をしたのに第一志望校に受からなかった、等々、祈願が不首尾に終わることは往々にしてあるだろう。

このとき、信仰が浅ければ「やっぱり祈願なんか当てにならない」と考え、二度としないという選択になるかもしれない。他方、本尊のご利益を深く信じている人ならば、「健康祈願をしていたから早期発見できた」「新車のお祓いをしていたので大事故にならずに済んだ」「それでも第二志望に受かったのだからご利益はあった」などと、現実を自分の信仰に寄せて解釈するようになるだろう。

実際、祈禱寺院の住職の話では、頻繁に祈願に訪れる信者はおしなべて先のような解釈をする傾向にあるという。そして、自分は仏さまに護られているのだから悪いことが起こるはずがないと信じているという。

このように説明すると、どんな悪いことでも都合よく解釈してしまうことの危険性に目が向きがちだが、仏教の教えでは必ずしもそうとは捉えられていないようだ。たとえば、浄土宗開祖の法然上人は、「〔念仏を唱えていれば〕たとえ病気になったとしても、症状が軽く済むこともある」と説き、これは「遠い過去からの因縁によって重く受けなければならない病を軽く受けさせてくれる〝転重軽受〟である」と述べている。

こうした解釈がなされた背景には、〝こだわりを捨てる〟という仏教独特の発想の原点があるように思われる。すなわち、ご利益がなかったことを憂えるあまり、より現世利益志向の強い〝危ない〟宗教にはまったり、災難のダメージを長く引きずって心身に不調を来したりするのは、災難そのものというよりもそれを忌避しようとする〝こだわり〟がもたらす苦しみにほかならないというわけだ。

このように考えれば、確証バイアスは私たちを苦しみから救ってくれる心理的効果とも解釈できるのである。

祈願をしなくても

教育現場での教師による生徒への体罰は一向に収まる気配がない。とりわけ部活動における監督コーチからの暴力や暴言は、第三者の目が届きにくく、生徒にとって逃げ場がないことからより深刻といえる。

こうした場所で体罰が容認されやすい理由は、教育や練習を〝投資〟だと考えているからである。投資の定義は、将来のリターンのために現在を犠牲にすることである。たとえば医療は健康ストックへの投資である。将来の健康を得るため、つらい治療や投薬に耐えているのであ

図1.4　平均への回帰

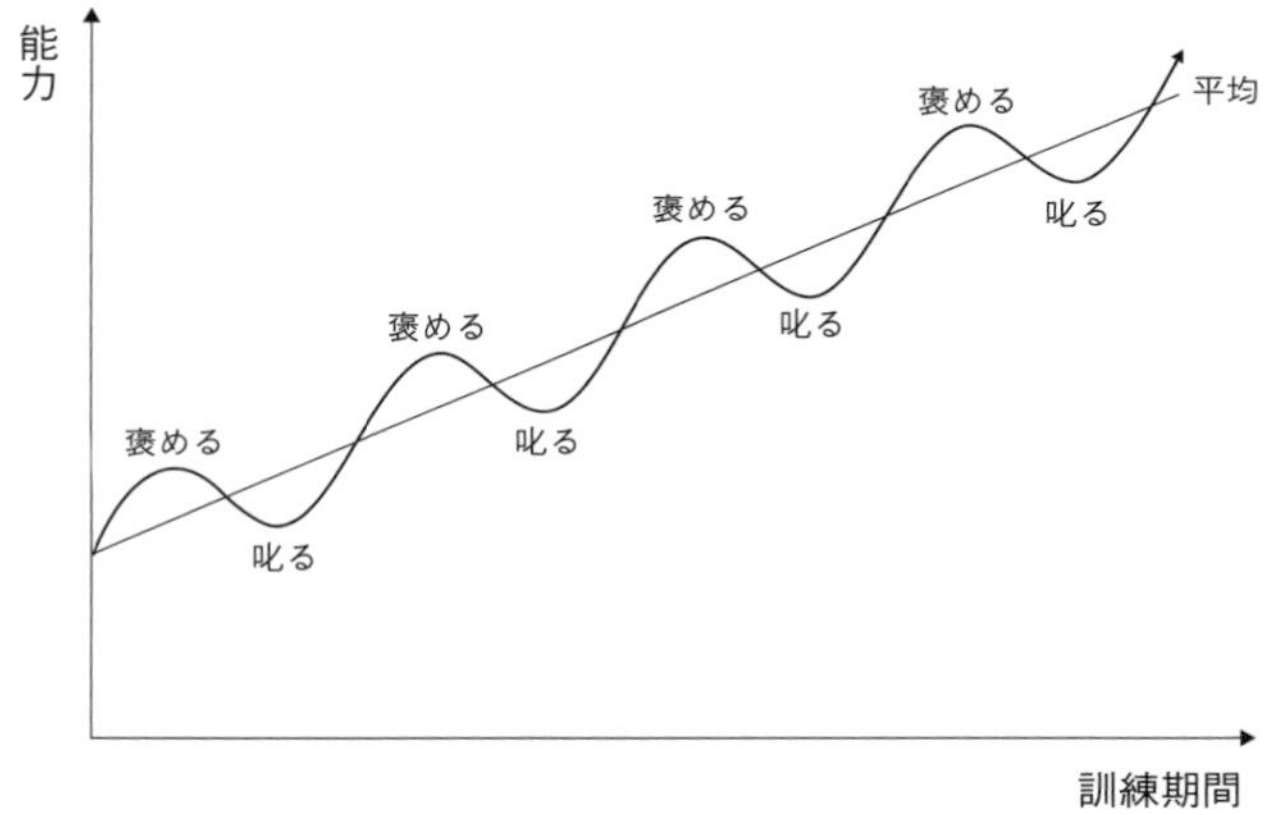

る。また、苦しい受験勉強に耐えられるのは、その暁に合格というリターンが得られるためだ。

　この論理を教育に適用すると、どんなに過酷な試練であってもそれは成長のためだから我慢せよということになる。さらに、今が苦しければ苦しいほど将来の大きな成長が得られると思われがちなため、体罰や暴言であってもそれに耐えることによって後の飛躍につながるという理屈になる。

　こうした〝体罰の正当性〟のいかがわしさを明らかにした理論が〝平均への回帰〟という考え方である。図1・4は訓練期間と能力の関係を表したものである。訓練には能力向上効果があるので右上がりのトレンドを持っているが、調子の波があるため、その時点での平均へ回帰する力が働く[6]。したがって、能力は両者の合計となって表れる。

このとき、指導者は平均的なトレンド以上に能力が上昇したときには褒め、下降したときは叱るという態度をとりがちだ。しかし、褒めたときはすでに平均への回帰が始まっていて能力が一時的に下がり始めている。一方、叱ったときはその逆で平均へ向かって上昇し始めようとしている。この結果を踏まえ、指導者は「褒めると油断する」「叱ればやる気を出す」と誤解し、体罰容認論へとつながっていくわけだ。

これを祈りに応用するとどうなるだろうか。体調にピークとボトムのバイオリズムが存在しているとき、ボトムのときに健康祈願を行い、ピークのときには止めるという行動をとると、祈願に効果があるように見えてしまう。図1・4の状況が成立しているのであれば、祈願をやってもやらなくてもボトムを過ぎれば体調は上昇していくはずだ。これを祈願の効果だと認識すればご利益があったと思ってしまうだろう。

そういえば……

何かあったとき、「やっぱりそうなると思っていた」などと思って妙に納得することはないだろうか。あたかもそのことが予測可能だったかのように考える心理的傾向のことを、後知恵バイアスという。

このバイアスは、刑事裁判において、被告に過失があったかどうか（前もって気づいていたかどうか）を判断する際に大きな影響力を持つとされている。このことを実証するため、大阪市立大学教授の山祐嗣は大学生１１４人の協力のもとに次のような実験を行った。

山教授が行った実験は、水難事故における水の濁り具合と射流洪水の因果関係である。実際の水難事故の裁判で証拠として提出された写真を用い、ひとつ目のグループの学生には濁りと洪水の因果関係を示す情報を与え、もうひとつのグループには情報を与えなかったところ、前者の方が水の濁り具合をより厳密に判定し、洪水発生確率を高めに設定することがわかった。つまり、事後に与えられた情報によって、因果関係はより強く認識されるようになったのだ。裁判は事後情報に基づいて行われるため、こうした〝後知恵〟によって、事前には過失と思っていなかった行為であっても、事後では過失と認定されることになりうるのである。

わたしたちの身の回りにはこの種の後知恵バイアスが多く存在している。何か事件が起きると、メディア等に登場して「そうなると思っていた」などと、したり顔で因果関係を解説してみせるコメンテーターや評論家はその典型だろう。

祈りのご利益の信憑性についても、この後知恵バイアスによってさらに強化されることがある。たとえば、ご祈禱のあとにご利益があったとき、その原因を「そういえば護摩行で火がいつもより大きく上にあがっていた」とか「ご祈禱が始まる前に住職と目が合ったので良い結果が出た」などと、後付けで因果関係を作ってしまうことはないだろうか。また、ご利益がなかったときも、身の回りで起きていた不吉なことを探し、因果関係を作り出してしまうかもしれない。

3 都合よく解釈してしまう

信仰心を持つこと自体は別に悪いことではない。ただ、場合によっては、信じてしまったことで不幸な結果をまねくことも起こりうる。祈りをもたらす心理的な要因を正しく理解していれば、不幸な事態を防ぐこともできる。

イカサマを見分けるコツ

M・サイドは『失敗の科学』のなかで、「失敗や欠陥にかかわる情報が放置されたり曲解されたりして、進歩につながらない現象や状態」のことを〝クローズド・ループ現象〟と呼んだ。サイドはその事例として、古代から伝わる〝瀉血《しゃけつ》〟という患者から血を抜き取る療法が何の検証もされずに近代まで継続されたことを取り上げている。

病弱な患者から体力を奪うだけの瀉血が問題視されなかった理由は、症状が改善されれば効果があったとみなし、悪化すれば瀉血が効かないほど悪かったと解釈されたからだとサイドは指摘する。

この現象が起きやすい背景となるのは〝閉じた空間〟の存在だ。専門家集団ばかりが関わりがちな医療ではこうした現象が起こりやすくなる。エラーが起きても自分たちの都合のよいように解釈し、改善を図ろうとしないからである。サイドはこれとは対照的な業界として航空輸送を挙げている。事故が起きたとき、第三者がその原因を徹底的に調査し、問題の核心を突き止めるからだ。

一般的に宗教は〝神〟や〝教祖〟といった絶対的な存在を崇拝することにより、信者の一体感や組織としての結束力の維持を図ろうとする。勢い、組織は〝閉じた空間〟となりがちだ。そして、預言者や教祖の語ったとされることが経本として編纂され、その内容が絶対視される。つまり、そこには失敗は存在しない。

したがって、宗教にあっては、本質的にクローズド・ループ的な要素が備わっていることをまずもって理解すべきだろう。しかも、祈りとご利益の因果関係については、心理的な要因が働くため、第三者委員会による検証などはほぼ不可能といえる。

それでは、多額の祈禱料を納めたにもかかわらず、ご利益どころか望ましくない結果になったとしたら、宗教的にはどう解釈されるべきなのだろうか。まず、神仏は間違えるはずがないので、「祈りの内容を聞き漏らしていた」とか「ご利益を授けるのを忘れていた」という解釈はあり得ない。

ならば、祈祷料が少なかったからご利益がなかったのだろうか。千葉大学教授の加藤隆は、こうした考え方について「人間の側の態度によって、人間が神を動かすことができるという前提が隠れている」と述べ、人間の「隠れた慢心」の表れだと指摘する。[7] 要するに、絶対視しているように見えながら、じつは人間が神を操れると考えているわけだ。[8]

これこそが本物の宗教と〝イカサマ〟宗教を見分けるポイントではないだろうか。本物の宗教であれば、祈祷料や布施はご利益の〝対価〟ではないので、その金額の多寡は関係ないとしたうえで、ご利益がなかったのは、「あなたの祈りが深くないために神仏に思いが届かなかった」と説明されるべきなのだろう。[9] 祈祷の最中に余計なことを考えて集中していなかったのではないか、ということで信者に反省を促すのだ。

他方、教団が信者に対して金額の多寡をとやかく言うときには警戒が必要だ。なぜならそのことの裏には、神仏の態度を信者（あるいは仲介する聖職者）がカネで操作できるという〝不遜〟な考えが潜んでいるからだ。

証明できなければ詐欺ではない

経済学では、市場で取引を行う際に、情報に偏りがあると市場の効率性が妨げられると説明される。前項で述べたクローズド・ループ現象は、閉じた空間で発生しやすい。その原因のひとつは、組織内部の情報が外部と共有されにくいことである。つまり、そこには〝情報の非対称性〟が存在している。

情報の非対称性を利用した犯罪が〝詐欺〟である。投資詐欺は集めた資金の運用方法に関する正しい情報を投資家に伝えず、振り込め詐欺は虚偽の情報を伝えて金を騙し取り、結婚詐欺は本気で結婚するつもりがないことを相手に伝えない。騙す側はターゲットとの間で意図的に情報の非対称性を作り出しているのである。

たとえば、Ｆさんのところに詐欺グループから「息子さんが事件を起こして賠償金が必要だ」と電話がかかってきたとしよう。ここで実際に金を振り込んだとしたら、Ｆさんは電話の内容を信じたということになる。そして、経済学的に考えれば、少なくともその時点でＦさんは「これで息子を助けることができた」と安堵しているに違いない。

これが詐欺かどうかは、Ｆさんが息子に確認することによって確かめられる。そして、息子が「そんな事件は起こしていない」と言えば、Ｆさんは詐欺だったと気づくのである。もし、確かめることをしなかったら、Ｆさんは息子のためによいことをしたと思い続けることになるだろう。

この話から明らかなように、クローズド・ループ現象を回避するには、正しい情報を知ることがまずもって重要であることがわかる。ところが、宗教の場合は、〝信じる〟ことが前提となっているため、真実かどうか確かめるという作業が存在しない。たとえば、霊感商法と称されるいかがわしい宗教であったとしても、〝壺を買えば呪いが解ける〟ことを反証することはほぼ不可能なのである。仮に、科学的ではないという批判ができたとしても、それならば〝念仏を唱えると浄土に往生できる〟という浄土宗の教えは証明できないではないかということになる。

宗教には、本来的に情報の非対称性が存在し、真実の証明によってそれを解消することはできない。そのことを十分理解したうえで信仰を深めることが重要だろう。

本当に効いてるの？

プラセボ効果をご存じだろうか。日本ジェネリック製薬協会（ＪＧＡ）のホームページによれば、「本来は薬としての効果をもたないプラセボを服用し得られる効果」を意味することばで、〝プラセボ〟とは、本物の薬と見分けがつかないが有効成分が入ってない〝偽薬〟のことである。

ＪＧＡの説明によれば、偽薬であっても患者がそのことを知っていなければ、服用によって症状が緩和されたり副作用が出たりするため、薬の臨床試験を行う際にはプラセボ効果を差し引いて真の有効性を確かめなければならないとのことだ。実際、日本にも「鼻くそ丸めて万金丹それを飲むのはアンポンタン」という俗謡があるように、どんなものでも薬と言われて飲めば効いたように思ってしまうだろう。

Ｄ・アリエリーは、プラセボ効果が働きやすくなる条件を２つ挙げている。ひとつ目は、「世話をしてくれる人に対する信頼や確信」であり、２つ目は、繰り返し経験することで生まれる「条件づけ」だという。つまり、病院を訪れるたびに親身になって診察してくれる医師が処方した薬だから、それだけで効いたような気分になるというわけだ。

このプラセボ効果が価格の影響を受けることも実験によって証明されている。[10] アリエリーらは、ビタミンCが入ったカプセルを痛み止めの新薬と偽って実験協力者に飲ませ、プラセボ効果を測定した。グループAにはカプセルが2ドル50セントと伝え、グループBには10セントと伝えて飲んでもらったところ、「効いた」と答えた協力者の数はAがBの2倍だったという。

有元裕美子は、スピリチュアル・ビジネスの利用者へのアンケート調査を行い、そこでのプラセボ効果の検証を行っている。その結果、利用者のなかで自分が「幸せ」で「運がいい」と思い込んでいる人が多かったことから、こうした信念がプラセボ効果を増幅させているのではないかと述べている。[11]

これと同様の指摘は、西田公昭の研究にも見られる。西田によれば、思い込みが強く自信過剰な人ほど、自己を正当化したがるので、騙されているのではないかという疑念が生じても、それを否定するどころか思い込みを強める傾向にあるという。西田はこれを「騙される側の自滅的な行動心理」と呼んでいる。

どんな宗教にもスピリチュアル的な要素があるので、祈りにプラセボ効果が働く可能性は否定できないだろう。(12) アリエリーの実験が示すように、偽薬の金額が上がるほど効果が強く出やすいので、より高額な祈りにのめり込む危険性もある。ただ、有元が言うように幸せはあくまで主観であることに加え、偽物だとの指摘はむしろ逆効果になりかねないという西田の見解を考えれば、信者自身が信仰だと思い込んでいる以上、それを周囲が止めることは難しい。

ここで重要なのは、信仰にはこうした要素があることを理解しているかどうかだろう。少なくともわかっていれば、自分が一歩前に進むとき、「これはプラセボ効果ではないか？」と少し立ち止まって考えることはできるからだ。

当たってる！

占いがビジネスとして成立しているわけは、「当たってる」と思う人が多いからだろう。前に紹介した〝確証バイアス〟は、たくさんの情報のうち自分にとって都合のよいものだけを集めて納得したがる傾向のことであるが、誰にでも当てはまる内容を自分にだけ当てはまると感じてしまうことを心理学用語でバーナム効果という。これは占いにはまる動機のひとつとされている。

試みに私と同じ血液型を持つ男性の性格占いをネットで調べてみた。以下に引用しよう。

> 生命力にあふれ、常にパワーがみなぎっているタイプです〔……〕。アグレッシブで体力があり、リーダーシップを発揮しやすいのも特徴です。一方で、支配したいという願望や権力に対するこだわりが強い面があり、挑戦好きな社長タイプです。また、親分肌で面倒見のいいところもあるので、人当たりや印象がいいのも特徴です。決めた目標には一直線に頑張りを発揮しますが、目的があいまいな場合にモチベーションが上がらないこともあります。ナルシストタイプも多く、相手よりもより有利な立場に立とうと見栄を張ることもしばしばですが、それは周りに自分を認めさせたい、という自己顕示欲から来ています。
>
> （ＪＦＴＡ日本占い師協会のホームページより）

まとめると、生命力にあふれ、パワーがみなぎり、アグレッシブで、体力があり、リーダーシップを発揮しやすく、権力に対するこだわりが強く、挑戦好きで、面倒見がよく、人当たりがよく、目標に向かって頑張り、モチベーションが上がらないときもあり、ナルシストタイプで、見栄を張ろうとし、自己顕示欲がある男性だ。

興味深いのは、私と同じ血液型を持つ女性の性格占いでは次のように書かれている。

ロマンチストで情に厚い性格です。涙もろく、嬉しかったり悲しかったりするとすぐ涙が出てくる感動屋さんです。おもいやりがあり、他人のことをよく考えて行動できます。おおらかで細かいことはあまり気にしませんが、たまに少し変わったこだわりを見せることもありますので、そのときは一人よがりにならないように気をつけましょう。

（ＪＦＴＡ日本占い師協会のホームページより）

今度は、情に厚く、涙もろく、感動屋で、おもいやりがあり、他人のことをよく考えて行動でき、おおらかだがこだわりも見せる女性である。このような占いが掲載されているということは「当たってる！」と思う人が多いからだろう。その理由は明白だ。なぜなら、ひとつ目の占いは、基本的に男性ホルモンである〝テストステロン〟の働きそのものだからだ。あるクリニックのサイトではテストステロンの働きについて、「大胆でリスクを恐れない、決断力のある、「男らしい」行動の源であり、好奇心や挑戦する心、冒険心、などいわゆるチャレンジ精神につながる」と紹介されている。

他方、２つ目の占いは、女性ホルモン〝エストロゲン〟の働きと親和性がある。エストロゲンは、オキシトシンの分泌やセロトニンの活性化を通じて、共感力を高め気持ちを安定化させる働きをすることで知られている。ただ、これには個人差があるうえに、更年期を迎えると分泌量が下がるため、その働きは必ずしも一定とはいいがたい。まさにこの占いに書かれている内容そのものなのである。

このように、占いの記述はどの男性あるいは女性にもほぼ当てはまる内容なので、見た人が「当たってる！」と思うのは当然ともいえる。また、そこに「見栄を張る」とか「こだわりを見せる」といった少々刺激的な表現も加えているので、「そういえば自分にもそんなところがあるよね」と妙に納得させる効果もある。占いビジネスはじつにうまくデザインされているのである。

お不動様は特別です

私は経済学者なので、基本的に市場メカニズムを歪める政策には反対の立場をとっている。たとえば、〝ふるさと納税〟は都市から地方への補助金という大義名分はあるにせよ、徴税の原則に反するだけでなく、市場での正当な競争を通さず利用者向けの商品を選定していることから、経済学者としてはあまり推奨されるシステムとはいえない。ところが、いざ自分が一消費者の立場になってみると、自治体の返礼品には魅力的な産品が並び、つい利用してみたくなる。これは自分が普段から考えていることに反する行為だ。

このように、自分の考え方と行動に矛盾が生じたときに感じる心理的な葛藤のことを、認知的不協和という。M・バデリーによると、確証バイアスが新たな情報を既存の考えに合わせて解釈する（無理やり結びつけようとする）ことであるのに対し、認知的不協和が起きたときは考えを行動に合わせて解消しようとするのだという。たとえば、善良で慈悲深い人間と自認する人であっても施しを求めるホームレスの前を素通りすることがあるとしたうえで、そのときは「あのホームレスはお金を騙し取ろうとするイカサマ師に違いない」と自分の行動を正当化するのだ。

加持祈禱をメインで行う真言宗のお寺のなかには、檀家を一軒も持たないところがある。そうした寺院で行われる護摩行には熱心な信者たちが参加するのだが、その多くは別の寺院の檀家になっている。そこには祈願による現世利益を認めない浄土真宗のお寺の檀家も含まれているらしい。この場合、祈禱という行為と真宗の教義は不協和を起こしていることになる。

祈禱寺の住職の話によると、このような真宗寺院の檀家は「〔本尊である〕お不動様のご利益だけは特別」であって、真宗の教義には反しないと考えているそうだ。また、真宗寺院の住職もそれを渋々認めているという。

かくいう私も現世利益には否定的な浄土宗のお寺の檀家だが、前述のように子どもの合格祈願に神社で熊手を購入してしまっている。世の中の事象について科学的根拠に基づいた議論が必要で、祈願によるご利益など信じないと常々考えている人でも、自分の身近なこととなるとご利益を求めてお祈りをしてしまうのではないだろうか。この不協和を解消するため、自分の祈りだけは特別に神仏に通じていると考えて自分を納得させようとするように思われる。

4　面倒くさがる私たちの脳

私たちは何か決断したり行動を起こしたりするとき、深く考えているように見えてじつはそうではない。祈りは、そうした面倒くさがり屋の脳の機能を巧みに利用することによって成立していることが多い。

そろそろ厄除けやっとくか

最近流行の〝ナッジ〟ということばをご存じだろうか。〝突っつく〟という意味で、人間が自由意思に基づいて行動しているように見えながらも、じつは外部からの働きかけによって操られていることをいう。

有名な事例としては、アムステルダムのスキポール空港の男子トイレで、小便器の内側にハエの絵を描いたところ、利用者が無意識にその場所めがけて用を足すようになったことで清掃費が8割も削減されたというものがある。これは、「汚すな」と命令するのではなく、〝的があればそこに当てたい〟という人間の本能をうまく活用して利用者を誘導した〝ナッジ〟と解釈される。

いわゆる〝デフォルト・オプション〟もナッジの一形態とみなされる。日本は諸外国と比べて臓器提供者数がきわめて少ないことで知られている。人口100万人当たりの臓器提供者数で見ると、イギリスの24・9人、フランスの33・3人と比べて日本はわずか1人にすぎない[13]。その理由としてしばしば指摘されるのは、提供者数の多い国では、デフォルトが「提供する」であるのに対し、日本では「提供しない」がデフォルトという点だ。臓器移植を待ち望んでいる患者が多数おり、また利益目的の仲介業者の存在が問題視されるなか、ナッジの活用が望まれる一例といわれている。

これらは社会全体のコスト削減や福利厚生の向上につながる好事例だが、ナッジの積極的な活用については反対意見もある。それは、政府がナッジを使って国民をいかようにも誘導できる〝パターナリズム〟につながりかねないという懸念である[14]。たとえば、タバコのパッケージにその有害性を示す映像（ニコチンで真っ黒になった肺の写真など）をプリントするよう義務づけるというナッジは、タバコの消費を減らし国民の健康に効果がある一方で、消費者の選好を意図的に変更し、選択の自由を阻害するという批判もある。

さて、ナッジは宗教活動の促進にも効果的である。寺社への参拝は、私たちの行動を変える〝きっかけ〟となる。たとえば、資格取得のための勉強を始めるべきか躊躇していた人が、たまたま神社ののぼり旗が目に入り、学業成就のお守りを買ったことで踏ん切りがつき、本格的に勉強に取り組むようになったり、なかなか禁煙できなかった人が、家族の勧めで健康祈願をしてお札をもらったことでタバコを止めることができたりするケースである。祈願をしたからといって神仏から勉強や禁煙を強制されるわけではないが、決断に向けて背中を押してくれたという意味で、こうした祈願はナッジと見なすことができるだろう[15]。

宗教活動におけるデフォルト・オプションの典型は、葬儀と法事だろう。親族が亡くなったとき、死者を悼む気持ちはあるにせよ、戒名授与、葬儀、初七日、四十九日、一周忌、三年忌等々の法要は行うのがデフォルトとなっている。そうした儀式の宗教的裏付けや〝追善供養〟の意味などをよく理解している人はほとんどいないのではないだろうか。

厄除けもナッジの一種だろう。図１・５は厄年に該当する年齢の一覧表だが、女性は30代、男性は40代に集中している。若さが失われ、ちょうど成人病を意識し始める頃だ。ある程度の

図1.5　厄年・八方塞一覧表（数え年）

	1	2	3	4	5	6	7	8	9	10	11	12	13	14	15	16	17	18	19	20
男										○									○	
女										○								○	◎	○

	21	22	23	24	25	26	27	28	29	30	31	32	33	34	35	36	37	38	39	40
男				○	○	○		○									○			
女								○				○	○	○		○	◎	○		

	41	42	43	44	45	46	47	48	49	50	51	52	53	54	55	56	57	58	59	60
男	○	○	○			○									○					○
女						○									○					

	61	62	63	64	65	66	67	68	69	70	71	72	73	74	75	76	77	78	79	80	81	82
男	○	○		○									○									○
女				○									○									○

前厄，本厄，後厄，八方塞に当たる年齢に○，重なる年齢に◎．厄年には諸説ある

年齢を重ねていけば病気にかかるし、不幸が訪れることもあるだろう。そんなとき、この表を見れば思い当たる節もあり、次の厄年には厄払いや健康祈願でもしておいた方がいいと思うかもしれない。別に強制されるわけではないが、「やっておいた方がよくないかい？」と〝突っつかれている〟ような気持ちにはなる。これこそナッジである。さすがに65歳を過ぎると、体力も落ちて病気がちになるので、ことさらナッジを利かせる必要などなくなるのかもしれない。

厄除けは陰陽道を起源とし、平安時代以来の歴史ある風習のようだが、現代でも寺社の提供するサービスとして根強く残っているところを見ると、ナッジとして効果は絶大といえるのではないだろうか。

おみくじのご利益

〝おみくじ〟は私たちにとって最も身近な祈りのひとつである。どのような人たちがおみくじを引くのか住職に尋ねたところ、若い人たちがほとんどでとりわけカップルが多いという。その理由は、人生の不確実性の高さにあると思われる。可能性に溢れていると言い換えてもいいかもしれない。

将来のある若者は、さまざまな人生の選択肢があるし、一度失敗してもやり直しがきく。カップルの場合、最も関心の高いのは〝恋愛運〟だろう。吉と出れば喜び合えるし、悪い結果が出たことで気まずい雰囲気になっても若いのでやり直すことができる。若者が〝占い〟を好む傾向にある理由も説明できる。

年齢が上がるにつれ、やり直しはきかなくなり、人生の終着点が見え始めてくると、もはや〝おみくじ〟を引くインセンティブは薄れるだろう。先はそれほど長くはないのだから、いまさら将来のことを占ってみたところであまり意味はない。恋愛運で〝凶〟と出た日には、まさに〝傷口に塩を塗る〟ようなものだ。

おみくじは、平安時代に天台宗の僧侶である良源が創作したとされ、１００種類の文章によって構成され、番号が振られている。信者はおみくじ箱からランダムに取り出された番号に相当する文章をもらうしくみだ。その内容は仏教的には観音菩薩から下された偈文《げぶん》（教え）とい

図1.6　元三大師おみくじの吉凶分布

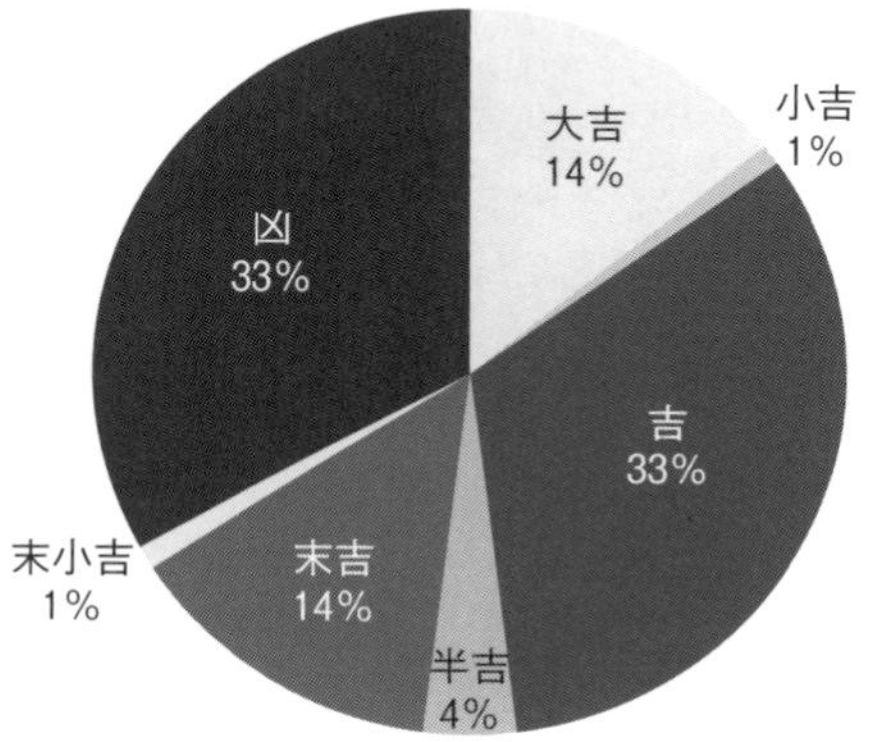

う扱いであり、良源の通称にちなんで〝元三大師おみくじ〟と呼ばれる。天台宗のお寺で提供されるおみくじはほとんどがこれである。庶民の間で流行したのは江戸時代になってからだそうだ。

100枚の偈文はすべて五言絶句の漢詩で構成されていて、その吉凶の内訳は図1・6のとおりである。〝大吉〟が全体の7分の1、〝凶〟が全体の3分の1を占めているのは妥当な感じだが、肝心なのはその中身だ。そこには、これを受け取ったらかなり衝撃を受けそうな文言が並んでいる。たとえば、「夫婦が離れ離れになる」「財産を失う」「身を滅ぼす」「猛火が起こり逃げられない」などと書かれたものもある。ある住職は、あまりに過激な内容の偈文をおみくじの中から除いているという。

もちろん、おみくじはこれだけではなく、実際、各寺社でオリジナルのものを製作しているし、おみくじの製作会社もある。もっとも、1から100まで乱数を発生させ、出た目に相当する元三大師おみくじの偈文を見れば、いつでも自分で将来を占うことができる。だが、実際にそのようなことをする人は少ないだろう。それなりに名の通った神社仏閣を訪れたとき、参拝のついでにおみくじを引く人がほとんどではないだろうか。なぜ、自作のおみくじではダメなのだろうか。

その原因は〝ハロー効果〟にあると考えられる。〝ハロー〟は聖像の頭部にある光輪のことで〝後光〟ともいう。後光が射しているものは、権威があるように見えてくるのである。多くの参拝客が訪れる立派な神社や、国宝の本尊を祀った寺院が提供するおみくじであれば、その〝お告げ〟も信頼できると思うのかもしれない。[16] しかし、宝くじをどこで買っても当たる確率は変わりないのと一緒で、どのお寺で引いても元三大師おみくじならば凶の出る確率は同じである。もちろん、自家製のものでも同じはずだ。

同様に〝お守り〟についても、有名な寺社のものを身につけるとご利益があるように感じてしまうのはハロー効果のなせる業だろう。

どこでご祈願やろうかな？

私たち人間の脳はほかの動物に比べて大きく、エネルギーを多く使うので、ここぞというときのために休ませておく必要がある。そのため、意思決定を行う場合も、なるべく頭を使わないでササッと済ませたがる傾向にある。

従来の経済学では、市場経済の正常な働きを担保するのは〝選択の自由〟だとみなし、それゆえ選択肢は多ければ多いほどハッピーになると考える。ところが、選択肢が多すぎると選ぶのに時間がかかってしまい脳が疲労する。ネットで商品を買おうと検索エンジンを利用するときもすべての検索結果に目を通すことはしないだろう。レストラン街で食事をするときも、事前に店を決めておかないと選択するのに手間がかかり、それだけで疲れてしまう。

そんなとき、私たちが頼りにするのは〝よく見かけるもの〟や〝印象に残っているもの〟といった記憶だったり、「そういえば○○さんがこれがいいって言ってた」などという口コミの評判である。A・トベルスキーとD・カーネマンは、このように利用可能な情報に飛びついて素早く決断をくだす傾向のことを、〝利用可能性ヒューリスティック〟と名付けた。

諸祈願や厄除けをしようと思ったとき、どの寺社を利用すればよいか判断に迷うだろう。通常の財・サービスと異なり、祈りから得られる幸福感はきわめて主観的で第三者評価が難しい。また、祈禱の内容も実際に体験してみないとわからない場合が多いと思われる。このようなとき、私たちは情報収集はせずに、利用可能な情報に頼るだろう。すなわち、宣伝や口コミ、知人の紹介で決めたり、以前利用したところにしたりすることになる。

もっとも、祈禱料などはどの寺社も概ね同じ金額であり、そのご利益についても客観的な検証ができないことから、こうした決め方によって大きな問題が起きるとは考えにくい。

5 〝おカネ〟の問題

お守り、お札そして祈禱には料金がかかる。葬儀や法事のときの布施も同様だ。こうした料金は、通常の財やサービスを購入する場合の対価とは大きく意味が異なる。なぜなら、その品質や分量について、市場における客観的な評価が難しいからだ。どのようなしくみで祈りの価格は決まっているのだろうか。

祈禱料の決め方

祈禱寺のホームページを見ると、諸祈願受付とあってそこに金額のリストが載っている。また、そうした寺ではお守りやお札も販売されていて、それぞれに料金が提示されている。私たちはそのリストのなかから気に入ったものを選ぶ際、「良い材料でできているから」とか「高品質だから」という理由でお金を払っているわけではない。そうだとしたら祈禱寺はどうやって祈禱料を決めているのだろうか。

その解釈としてふさわしいと思われるのがアンカリングの考え方である。それは、初めに提示された数値に引っ張られ、判断が左右されることを意味する心理学の用語である。船のように錨《いかり》（アンカー）を下ろしたところが起点となることからこのように名付けられた。

A・トベルスキーとD・カーネマンが行ったアンカリング効果の実験は、大きい数字と小さい数字が出るように細工されたルーレットを回したあと、国連加盟国に占めるアフリカ諸国の比率を答えさせるというもので、大きい数字を見せられたグループの方が小さい数字のグループよりも大きな数値を解答したというものである。知らないことを聞かれたときは、その前に示された数字がアンカーとなってそれに引っ張られるというわけだ。

宗教法人としてさまざまな税制上の恩典が与えられている寺院は、自らが行っている活動が営利事業ではないことを示す必要がある。拙著『お寺の経済学』でも述べたように、寺の提供する各種サービスについては、料金を提示しないということが宗教活動であることの根拠となりうる。実際、葬儀などの仏事の際の布施は、檀家の〝お気持ち〟で金額を設定してよいという建前となっている。

ただ、葬儀はお寺の大きな収入源になっており、そのことは檀家もわかっているので、さすがに数千円というわけにはいかない。日頃からお寺との意思疎通が図られていれば、住職も檀家の経済力を把握しているし、檀家も菩提寺の経営状態がわかっているので、妥当な金額に落ち着くだろう。したがって、アンカリングはさほど重要ではない。

問題となるのは、菩提寺を持たない人が葬儀社や霊園経由で仏事を行う場合で、このときは読経する僧侶にどれだけ布施を渡せばよいか見当がつきにくい。そこで、仲介する葬儀社や霊園が目安となる金額を提示したうえで、金額に応じて派遣される僧侶の格や戒名の長さなどが決まることを伝える。これは通常のサービスの購入と同じで、メニューを見てから内容を決めるということなので、アンカリングの必要はない。

寺の提供するサービスで料金設定が難しいのは祈禱料である。なぜなら、納める祈禱料と得られる成果としてのご利益の関係性が曖昧だからである。確かに、祈禱料を多く納めると、お札のサイズが大きくなったり、祈禱で名前を呼んでもらえる期間が長くなったりすることはあるそうだが、これは単にインプットを増やしただけであって、アウトプットが増えることを保証するものではない。祈禱寺の住職は、信者に対して祈禱料とご利益は無関係であることを明確に伝えているという(17)。

これだけ成果が曖昧で見えにくいサービスとなると、祈禱料をいくら納めればよいかまったく見当がつかないだろう(18)。しかも、祈禱寺で祈願をする信者は、そのお寺の檀家ではないケースがほとんどである。お寺の経営状態を考慮して祈禱料を決めるなどということはまずあり得ない。

そこで必要となるのが目安としてのアンカリングである。祈禱寺の多くは、祈禱料をオープンにしている。本来、宗教活動に料金設定は望ましくはないのだが、目安がないと信者は混乱するし、お寺サイドとしても護摩木などの経費を回収する必要がある。

たとえば、栃木県にある厄除け祈願で知られるお寺では、3000円、5000円、1万円の3つから信者に選ばせている。また、交通安全祈願で有名な神奈川県のお寺では、車の祈禱料は5000円に設定されている。祈禱寺の住職の話では、これらの金額はあくまで目安であって、最低金額以上であればいくらでも受けるとのことだ。アンカリングとして料金設定はしているものの、〝お気持ち〟の部分で自由度も持たせるというハイブリッド方式といえる。

松竹梅ならどれを選ぶ？

前項で取り上げた祈禱料のアンカリングだが、実際の祈禱料は単一ではなく、お手頃価格からかなりの高額のものまで複数提示されている。私たちはそこから自分にとって最も望ましいものを選ぶことになる。だが、お寺としてはそのなかに選んでほしいものがきっとあるはずだ。買ってもらいたい商品があったとき、あえて別の商品を提示することによって、買ってもらいたい商品の購買意欲を高めることを〝おとり効果〟という。

まず、D・アリエリー『予想どおりに不合理』で取り上げられている例を紹介しよう。あるテレビ販売員は次のような3つの商品を提示するという。

●パナソニックの36インチ（690ドル）
●東芝の42インチ（850ドル）
●フィリップスの50インチ（1480ドル）

このとき、大抵の客は真ん中の東芝を選ぶのだという。そして販売員が最も売りたい商品もこの東芝だそうだ。それならば、なぜより高額なフィリップスの商品をわざわざ提示するのだろうか。その理由としてアリエリーは、商品リストがあったとき、大抵の消費者は最も高いものは敬遠し、2番目に高いものを購入する傾向にあるからだという。そして、これはレストランのコースメニューでも同様と指摘する。確かに、寿司店で〝にぎり〟を頼むとき、メニューに「松・竹・梅」や「特上・上・並」と記載されていることが多い。

ということは、最も高額な商品は2番目を買わせるためのおとりということになる。商品が2つだけだと、どちらを買おうか迷ってしまう。高い方は確かに品質はいいだろうが、財布に響く。他方、安い方はお手頃だが、実際に使ってみて後悔するかもしれない。要するに両者はトレードオフの関係にあるため決められなくなるのである。

そこで第3の〝より強いトレードオフ〟状態にある商品を登場させるのだ。すなわち、さらに高額で品質が優れたものだ。そうすると、最初は値段が高いと思って買うのをためらっていた商品が俄然バランスのとれた〝中庸〟に見えてくるというわけだ。

図1・7と図1・8はそれを示したものである。図の曲線はミクロ経済学の教科書に登場する無差別曲線で、同じ効用を与える品質と安さの組み合わせを示す等高線である。図1・7では商品A（低品質で低価格）とB（高品質で高価格）との二者択一になっていて、価格と品質のトレードオフのためどちらを選ぶべきか迷っている。そこで第3の選択肢Cを登場させたのが図1・8で、Bよりもさらに高品質で高価格のために、消費者はCに引っ張られてAとCの比較をするようになる。つまり、無差別曲線が変位するのである。そして、それまで極端だと思っていたBが中庸に見えてくるわけだ。

従来の経済学では、無差別曲線が変位しないことを前提に理論を組み立て、シミュレーションを行うのが普通である。しかし、心理学の要素を組み込んだ行動経済学では、心理的な影響により無差別曲線は変位する。新たな選択肢が加わることは、私たちの選好の仕方に影響を及ぼすのである。

この〝おとり効果〟は、アンカリングの説明で触れた祈禱料の設定にも適用できる。アンカリングによって信者たちに金額の目安をつけてもらったところで、次は具体的にいくら納めるか決めてもらう必要がある。そこで選択肢を3つ用意するわけだ。厄除けの例では、3000円、5000円、1万円だったが、祈禱寺によっては5000円、1万円、3万円という設定

図1.7　商品二者択一のケース

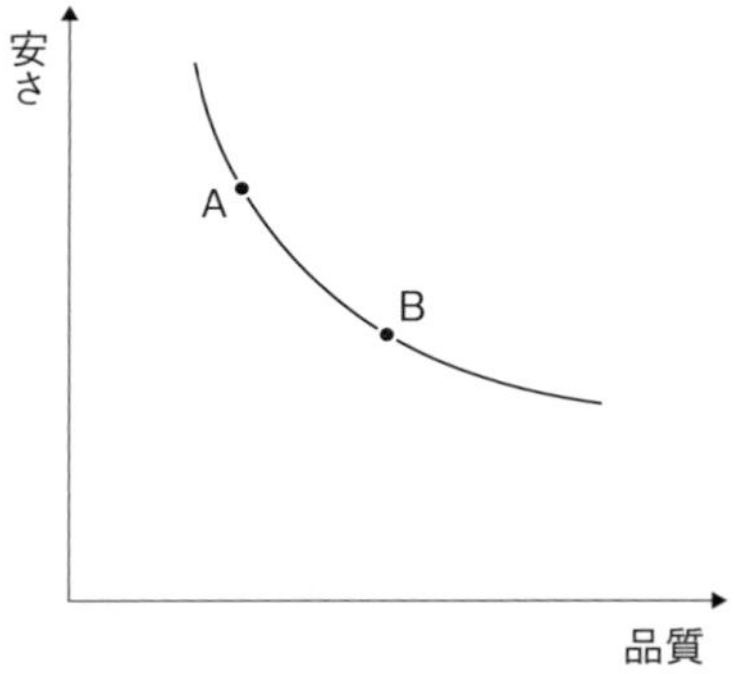

図1.8　商品三者択一のケース

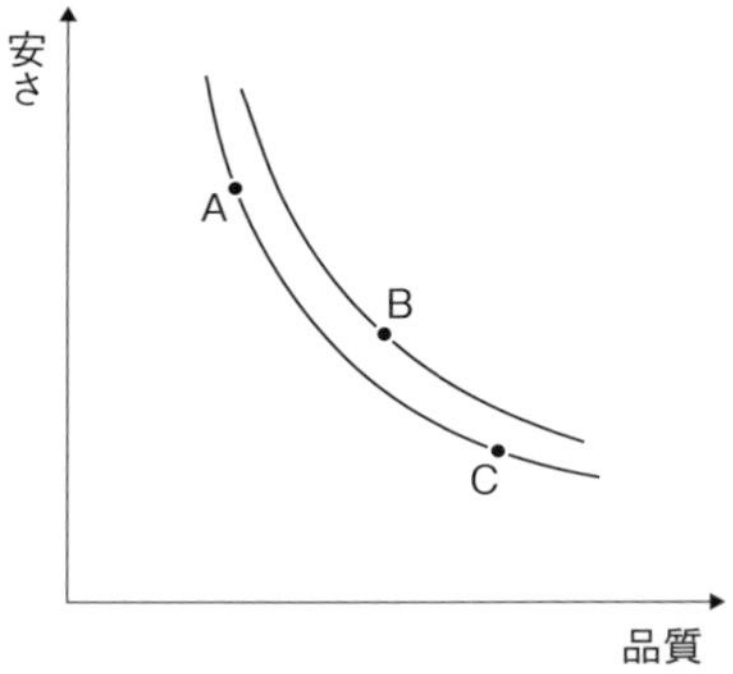

にしているところもある。おとり効果があることを前提とすれば、信者にとって選びやすいのは厄除けでは5000円、祈禱では1万円になるはずである。(19)

ただ、ここで問題となるのは、この金額設定があくまでアンカーに依存するために、護摩木など材料費のコストが上がったからといって安易に料金を値上げできないという点である。お寺サイドとしては、祈禱料のアンカリングは材料費や人件費に依存して決定したいところだが、「材料費高騰の折から1割値上げさせていただきます」などと言えば、定食屋のランチみたいな感じになって、宗教活動の布施のイメージにそぐわない。インフレでも景気がよければ便乗値上げも容認されようが、そうした状況になければそれも難しいだろう。

そうだとすれば、おとり効果を使うしかない。すなわち、最低ラインを据え置いたうえで、選ぶ人が多いとされる2番目だけを値上げするというやり方だ。たとえば、5000円、1万5000円、3万円といった感じである。そして、祈祷で名前を読み上げる期間を長めに設定したり、お札に文言を追記するなど付帯的なサービスを考えればよい。これは、実質的に値上げすることと同じである。

儀式は〝別腹〟

行動経済学者のアリエリーは、『アリエリー教授の「行動経済学」入門　お金篇』のなかで、「儀式によって、食べものはよりおいしく、イベントはより特別に、人生はより人生らしくなり、経験の価値が高まったように感じる」と述べている。

単にご馳走を食べるだけではなく、その前にワン・クッションを設けるのである。アリエリーは、ユダヤ教でヤムルカをかぶる、イスラム教で数珠を数える、キリスト教で十字架にキスするなどの宗教的な儀式は、その後の行動に特別な意味を持たせる効果があるという。つまり、儀式的な意味を加えることで消費の価値が増加するわけだ。

仏教関係の儀式でこれに相当するのは盂蘭盆会や彼岸会などではないだろうか。盂蘭盆会とはいわゆる〝お盆〟のことで、亡くなった祖先の霊を慰める儀式として定着している。また、彼岸会は仏教で〝あの世〟を意味する〝彼岸〟に由来し、墓参りをしてあの世にいる先祖に思いを致す風習である。こうした〝儀式〟の後、家族で外食をして美味しいものを食べることはよくあるのではないだろうか。

これは儀式の価値向上効果によるものと考えられるが、さらにもうひとつこうしたケースで消費を促進させる理由があると考えられる。それはＲ・セイラーが提唱した〝メンタル・アカウンティング（心の会計）〟の考え方である。従来の経済学では、さまざまな収入を合算して予算とみなし、その範囲内で効用を最大化すべくさまざまな消費に配分するモデルを考える。だが、セイラーによれば、私たちの財布はひとつではなく、お金の入手経路や使い道によって頭の中に複数のものが存在し、それぞれに出納帳ができあがっているという。

アリエリーはこの考え方に基づいたさまざまな事例を紹介している。たとえば、事前に買っておいた１００ドルのコンサートチケットを無くしたときに買い直すかというと躊躇する人が多いのに対し、チケットを買おうと財布にしまっておいた１００ドルをなくしてしまった場合では、気を取り直してチケットを買う人がほとんどだという。アリエリーは、こうなる理由として、心の中に文化活動のための出納帳が存在し、そこの予算の範囲内で行動しているからだと説明する。

そうだとすると、儀式のあとの外食は、心の中で通常の外食とは別の出納帳に分類されていることが考えられる。そのため、普段の外食ではファミレスや回転寿司で済ますところを、儀式の後は個室での会席料理や鰻重などに格上げされるのだろう。儀式というのは別の会計を心の中で作り出すのである。それが宗教的な意味を持てば、使われる金額もさらに増えるということだろう。

布施で〝ピッ〟はだめ

美味しい食事を楽しんだ後、レジで財布から現金を出すときに〝痛み〟を感じることはないだろうか。初詣のお賽銭で100円玉を1個入れたのでは、それほど財布に響かないが、1000円札を1枚入れたとすると〝痛み〟があるのではないか。

アリエリーは同じ金額でも支払い方によって〝痛み〟が変化すると指摘している。たとえば、前払いは、都度払いや後払いよりも痛みが少なく、クレジットカード払いは現金払いよりも痛みを感じにくいという。確かに、Ｓｕｉｃａ等のプリペイド・カードは前払いなので、コンビニなどの買い物で金額の多寡をあまり確かめず気軽に〝ピッ〟とやってしまう。クレジットカードはその場で現金を失わずに済むし、しかも翌月あるいは翌々月に他の支払いとまとめて銀行口座から落ちるので〝出した感〟は少ないだろう。

２０１９年６月、京都仏教会は、賽銭や布施など宗教活動に関わる金銭のキャッシュレス化に反対する声明を発表した。その理由は次のとおりである。

●寺院の宗教活動は世俗の事業とは本質的に異なる。
●布施は財物に託して、信者の心、魂を仏様に奉るものであり、対価取引の営業行為とは根本的に異なる。
●キャッシュレスによる布施は対面的である宗教行為の本旨に反するものであり、不適切である。
●宗教団体・宗教法人において、法要、拝観、葬儀などの宗教行為と収益事業は明確に分離されている。
●布施のキャッシュレス化により宗教信者の個人情報および宗教的活動が第三者に把握される危惧がある。
●信者の活動状況および個人情報を含むビッグデータから信者および寺院の信教の自由が侵されることを危惧する。
●信者および寺院の行動が外部に知られ宗教統制、宗教弾圧に利用されることを強く危惧する。
●布施のキャッシュレス化により手数料が発生し、収益事業として宗教課税をまねく恐れを憂慮する。

そのうえで、傘下寺院のみならず、全国の宗派、寺院、さらには全国の宗教連盟にも同様の対応を求めるとしている。いろいろ書かれているが、ここでの論点は3つに絞られる。第1に、宗教法人と信者との金銭のやりとりは対面でのみ宗教行為と認められる点、第2に、業者を経由すると信者の個人情報が漏れる危険性があるという点、そして第3に、収益事業として課税される恐れがあるという点だ。

実際、これを読んでどれだけの国民が納得するだろうか。そもそも、キャッシュレスの要望は寺を訪れる参拝者や信者サイドから出されたものである。ほとんどの小売店でプリペイド・カードやクレジットカードが使えるのに、お寺でお守りやお札を購入するのに現金しか使えないのは面倒ということだろう。

もし、国家権力が寺院に向けて「キャッシュレス決済を認めよ」と命令し、それに信者が反発してこのような声明を出したなら納得できるが、憲法20条【信教の自由】が国民に与えられているなか、その国民から出された要望を受けて、仏教会が宗教活動に反するから所属寺院にキャッシュレスを認めるなと命令するのはいかにも〝上から目線〟の物言いといわざるを得ない。このような不可解かつ高圧的な声明を出した本当の狙いは、むしろ第3の論点である「課税をまねく恐れ」から、クレジットカード会社等に布施収入の額が知られることを避けるためと解釈するのが妥当なように思われる。

もし、京都仏教会が「教義に反する」と言いたいのであれば、「キャッシュレスは宗教活動にそぐわないからダメ」といった同義反復的な内容の声明ではなく、国民に向けてより説得力のある丁寧な説明をすべきだろうと考える。ここで注目すべきポイントは、まさに〝出費の痛み〟にほかならない。

そもそも布施とは、菩薩が仏を目指して修行する際になすべき6つの行い（六波羅蜜）のひとつとされ、利他行を奨励する大乗仏教の重要な徳目である。特に信者のなすべき布施は、僧侶に対して財物を施すことを意味する。修行のひとつである以上、そこには何らかの〝痛み〟を伴うのは当然であって、その痛みを喜びと感じることが肝要とされる。布施が喜捨ともいわれるゆえんである。

前述したように、最も痛みを伴う出費は〝現金〟であり、プリペイドやクレジットでは布施としての効果が薄い。その意味において、仏事に関連するすべての金銭のやりとりを布施と定義づけるのであれば、現金に限るべきと考えるのは妥当だろう。それこそ仏教の教義に基づく正当な理由だからだ。それで一応の理屈は通るが、国民が納得してくれるかどうかはわからない[20]。また、「課税をまねく恐れ」などと言えば、まさに〝語るに落ちた〟といわれかねない。

「もったいない」は本当に勿体ない

すでに支払いが済んでしまい回収できないコストのことを、経済学ではサンクコストという。

回収できないのであれば、過去のことだと諦めて、現時点での最適な行動をとるべきというのが従来の経済学の考え方であるが、私たちはなかなか諦めが悪く理論どおりの行動がとれない。

私たちの身の回りにはサンクコストが数多く存在する。文化活動を行う団体のなかには、年会費を納めて賛助会員になると、公演のチケットが事前予約できて割引にもなるところがある。ここで納めた会費は戻ってこない。こうしたサブスクリプション型のサービスの会費はほとんどすべてサンクコストである。同様に、前払いの入園料、食べ放題の料金もすべてサンクコストだ。

投資につぎ込んだコストも回収が難しければサンクコストになる可能性が高い。たとえば、フレンチレストランを開くために、調理学校に通い、パリの三つ星レストランで修業したとしよう。その間の授業料や旅費を含め、他の仕事をしていれば得られたはずの収入などはすべてサンクコストである。

「せっかく会員になったのだから……」「払ったお金の元を取らなきゃ……」「これだけの費用をつぎ込んだのだから……」などという理由から、風邪気味なのに寒い雨の夜に試合観戦に出かけたり、お腹を壊すまで食べ続けたり、赤字を出しながらもレストラン経営を続けたりするのは、回収できないサンクコストに引っ張られて合理的な行動がとれないケースに相当する。

宗教活動についてもサンクコストは存在する。檀家というのは寺院の会員のようなものだろう。まず、境内墓地のある寺の檀家になるには墓地の利用契約をすることになる。はじめに墓地の永代使用料を納める必要があり、これは立地にもよるがかなり高額である。近年、都内にはビル型の機械式納骨堂が散見されるようになってきたが、それでも数十万円はかかる。都内で土地付きならば最低でも数百万円は覚悟しておいた方がいい。しかも、のちに離檀して契約を解消したとしても永代使用料は戻ってこない。完全なサンクコストなのである。

そして、住職や檀家が代替わりしていくにつれ、両者のつながりは薄れ、寺檀関係を解消したいと思う檀家も今後は増えていくだろう。だが、永代使用料がサンクコストになっているために「止めたらもったいない」と思って関係を続けている檀家も多いのではないだろうか。

祈禱は見かけ上はその場限りの宗教活動であるが、そこにもサンクコストは存在する。たとえば、長年にわたり、決まったお寺でさまざまな祈願を行ってきた信者にとって、これまで納めた祈禱料は仏との信頼関係を作るための投資のようなものである。大事に育ててきた信仰心といってもいいだろう。しかも、多くの信者は、そこで培った信頼関係は特別なもので他の寺院の仏には通用しないと思っている。そうだとすると過去の祈禱料はサンクコストとなる。ご利益がなかったとしても、簡単に他の寺の仏に鞍替えすることはできないと考えるだろう。

6 信仰心を形成する心理的要因

これまでは、祈りの場面において、心理的要因がまっとうな判断を歪ませる事象を主として扱ってきた。本節では、信仰の始まりとその継続に直接影響を与える要因について考える。それは必ずしも非合理的とは限らない。

お供えはフェアネスの精神で

法事や墓参りのとき、仏にお供え物をすることがある。たとえば、毎年7月頃に行われる施餓鬼会という仏事は、六道のうちの餓鬼道にいると思われる故人に対し、食べものなどを施すのが目的である。(21) お彼岸の墓参りのとき、墓石の前にお供え物をするのも、故人が好んでいたものを施すという意味がある。なぜそのようなことをするのだろうか。

その理由の説明として、最後通牒ゲームの考え方を応用してみよう。最後通牒ゲームとは、一定の金額を2人で分けるとき、そのうちのひとりがそれぞれの取り分を提案し、相手に了承されればその提案どおりに配分されるが、拒否されればお互いに何も得られないというものである。

このとき提案者の合理的な選択は、1円だけ相手に渡して残りを全額自分のものにすることである。なぜなら、その提案を拒否すれば、2人とも1円ももらえないからだ。しかし、実際にこのゲームを行うと、ほとんどのケースでほぼ五分五分の分け方に落ち着くことが知られている。この最後通牒ゲームは、フェアネスや利他心の程度を測るための実験としても幅広く用いられている。

布施やお供え物をする動機として、最後通牒ゲームで確認されているフェアネスや利他心の存在を挙げることができるのではないだろうか。それは、現世に生きる私たちが来世にいるであろう故人に思いをはせ、得たものの一部をシェアしようとする気持ちである。

また、所得や収穫物は仏や先祖のご加護あっての頂き物であり、それをすべて自分のものにするのは後ろめたいし、フェアではないという考え方もあるだろう。目の前に相手がいるわけではないので、最後通牒ゲームのように半々にするというわけにはいかないだろうが、わずかであっても仏や故人に差し出せば、残った分を気持ちよく受け取ることができるのではないだろうか。

継続は〝信仰心〟なり

従来の経済学では、人間の行動に関するモチベーション（動機付け）として、目に見える客観的な数値、すなわち、報酬や労働時間などを取り上げてきた。なぜなら、理論は数学モデルによって構成されており、その検証のための実証分析を行う場合には明確な数値が必要となるからである。

近年、行動経済学の登場によって、私たちの経済活動に心理的な要素が働いていることが明らかにされ、これまで経済学では説明できなかった人間の行動を実験によって明らかにする研究が活発になってきている。経済学に登場する人間は、外から与えられた客観的な数値をもとに合理的な行動をとると仮定されているので、モチベーションの部分をどう構成するかが鍵になる。行動経済学はまさにここにメスを入れようとしている。

行動経済学者のM・バデリーは、人間行動のモチベーションを〝外発的〟なものと〝内発的〟なものに区別して分析することの重要性を強調している。このうち前者は、個人の外部に存在するインセンティブ（誘因）であり、働く場合であれば、給与など金銭的報酬や褒賞などの社会的報酬がそれにあたる。これは従来の経済学で取り上げられてきたものである。他方、後者は個人の内面的な評価基準に注目する。たとえば、働いてやりがいがあるか、楽しいか、誇りを持てるかなどである。したがって、表面上は同じ条件が与えられている仕事であっても、ある人は楽しくて続けるが、別の人はつまらなくて辞めてしまうかもしれない。

祈りのモチベーションはこれら両方に関わってくる。まず、祈願を始めるときのモチベーションは、外発的である可能性が高い。たとえば、病気にかかった、健康診断で生活習慣病のリスクを指摘された、孫が受験だ、厄年にあたった、コロナ禍で利益が減った、等々の外的な要因があり、さらには周囲から勧められたり、広告宣伝を見たり、たまたま祈願ののぼり旗が目に入ったりして「祈禱をお願いしてみようか」ということになる。

ただ、この手のモチベーションは何かを始めるには効果的だが、継続性という点では弱い。実際、いい結果が出ているうちは続けるが、報酬がなくなると止めてしまうのではないだろうか。病気が治り、合格してしまえば続けるインセンティブがなくなるし、ご利益がなければサッサと終わりにするように思える。

だが、2節で述べた〝確証バイアス〟が働けば、外部からの報酬には頼らず、自ら目標を設定して祈願を行うようになると考えられる。なぜなら、合格祈願はともかく、健康祈願や商売繁盛などは明確な目標があるわけではなく、結果がどうであってもご利益だと認識されるようになるからだ。これは、バデリーがいう「自分の内なる何かがモチベーションとなっている」内発的モチベーションにほかならない[22]。

内発的モチベーションに基づく信仰は、外部からの影響を受けにくく強固で継続性が高い。したがって、僧侶の役割は、信者の外発的モチベーションを内発的モチベーションに変換することだと考えられる。祈禱だけやって「はい、サヨナラ」みたいな対応では、信者は定着しない。内発的モチベーションを喚起するような信者の心に響く法話をする必要がある。そうすれば成果に関係なく信者は寺のリピーターになってくれるだろう。

「お気持ちで」の意味とは？

前項で述べた〝外発〟と〝内発〟の違いを社会的な価値観として捉え直すとどのようになるだろうか。アリエリーは、賃金や価格など金銭的な価値観が評価対象となる〝市場規範〟と、互恵性や利他性など内面的な価値観が対象となる〝社会規範〟とに区別し、それぞれが支配的となる2つの世界の違いを描いてみせた。(23)

彼が行った実験は次のとおりである。きわめて退屈な作業を設定し、3つのグループにそれぞれに異なった報酬体系を提示した。第1グループには、5分間の作業に5ドルの報酬を払い、第2グループには、わずか10セントの報酬を払い、そして第3グループには、力を貸してほしいと頼んだだけで報酬を払わなかった。そして、作業の成果を比べたところ、第3＞第1＞第2の順となった。報酬の多い第1が第2よりも高い成果だったことは当然としても、無報酬の第3の生産性が最も高いのは意外だが、アリエリーは「お金が介在しないため社会規範が適用された」結果と解説している。

確かに、『ハーバード白熱教室講義録』で有名な倫理学者のM・サンデルも『それをお金で買いますか』の中で、臓器移植に金銭が絡むと腐敗すると述べており、臓器提供は市場規範ではなく社会規範のもとで行うことが適切と強調している。

第2章で詳しく述べるが、寺院経営も収入がなければ成り立たない。特に、日本の僧侶はタイ王国のような上座部仏教と異なり、〝肉食妻帯〟が許されていて、女性や金銭に触れることも問題ないので、お寺も普通の民間企業とほぼ同列に見えてしまう。だが、5節の現金を出すときの痛みについて述べた箇所で紹介した京都仏教会の声明が示すように、仏教教団は自分たちの行っている活動は「世俗の事業とは本質的に異なる」と考えているようだ。だとすれば、それをどのように担保するかが重要だろう。

先に説明したように、六波羅蜜のひとつである布施は、現在では欲得からの離脱としての喜捨のことを指して使われることが多い。つまり、布施は寺のサービスに対する対価ではない。欲得を捨てることによって感じる痛みを喜びに変換することで得られる内面的な満足への対価が布施なのである。

ということは、利他行の実践である布施は、〝社会規範〟の枠組みの中で価値を持つことになる。盂蘭盆会や法事などは信者にきっかけを与えているにすぎず、そうした仏事自体に対価があるわけではない。アリエリーの実験でいえば、無報酬の協力者は対価を求めた仕事としてではなく、学問的に意味のある作業への協力として参加していたのではないだろうか。つまり、労働力は布施だったと解釈できるのだ。

多くの寺院では布施は「お気持ちで」ということで、金額は明示されていない。その理由は明らかだろう。なぜなら、布施は〝社会規範〟に基づく利他行の実践と位置づけられているからだ。もし、寺院が布施の金額を具体的に提示したならば、この行為は〝市場規範〟に基づく行為と見なされ、通常のサービス取引と同等になる。そして、仏事での読経等は〝請負業〟という収益事業に分類され、早晩、税務当局からは課税対象とみなされることになるだろう。

祈禱寺院における祈禱料については、〝アンカリング〟の説明の箇所で述べたように、住職は祈禱料とご利益の関係を明確に否定する。その理由は、金額が大きいほどご利益も大きいと言ったとたんに、布施の一形態と位置づけられている祈禱料が〝市場規範〟に基づくサービスの対価になってしまうためだ。

後に引けなくする儀式

私たちが日頃からさまざまな儀式を行う理由のひとつは、〝覚悟を決める〟ということではないだろうか。たとえば、入学式は「この学校でしっかり勉強するぞ」という気持ちを固めるための儀式だし、逆に卒業式は「もうこの学校ともお別れだ」という区切りだろう。だから、卒業式の翌日に学校を訪れたとしても〝懐かしい〟という気持ちになるわけだ。また、結婚式は、カップルが神仏あるいは列席者の前で永遠の愛を誓うことで、互いの関係を確かめ合い、簡単に別れることのないように〝縛りをかける〟儀式である。

こうした行為のことを経済学ではコミットメントという。コミットメントとは、約束をすることによって私たちの行動に縛りをかけ、後には引けない状況を作ることを意味する。そのとき、自分自身と約束するのでは縛りが弱い。日頃から接している家族相手でもそこまでキツくない。だから、友人たちや親族も巻き込んだ儀式や、神や仏の前で約束するのである。そうすればおいそれと約束を破ることはできない。要するに〝退路を断つ〟ということである。

退路を断ったことを周囲に知らせることにはメリットもある。それは相手が信用してくれるということだ。たとえば、酒癖の悪い父親が単に「酒は止めた」と言っただけでは家族は信用してくれないかもしれない。なぜなら、言葉だけでは〝覚悟が見えない〟からである。だが、その父親が名の通った祈禱寺で健康祈願の祈禱をし、その際、３万円の祈禱料を納めて住職に「断酒」とお札に書いてもらい、本堂仏壇の脇に置いてもらうことまですれば、家族は信用するだろう。それによって断酒できれば、酒をめぐって家族と揉めることはなくなり、夕食の時間は楽しくなるのではないか。

このように考えると、祈禱寺で祈願する最大の意義はコミットメントにあることがわかる。祈禱料を納めて祈ることで仏と約束し、約束を守るために自らの行動を縛るのだ。交通安全祈願をした人は安全運転を心がけ、健康祈願をした人は健康的な生活を心がける。そして、そのときの祈禱料の大きさはコミットメントの強さを示すことになる。

さらに、合格祈願の絵馬を祈禱寺のボードにくくりつけたり、交通安全祈願のシールを車の背面に貼り付けたりすれば、「自分は仏と約束をしました」と公言することになり、さらに強いコミットメント効果が期待できる。このようにしてお寺での祈願は私たちの行動を変化させ、良い結果をもたらす。目に見える〝ご利益〟が生まれるのだ。

しかもこれは自分だけのご利益に留まらない。健康状態が良くなれば、医療費の節約になる。なにしろ国民医療費はGDPの8％にまで達していて、すでに保険では賄いきれず、4割ほどを国と地方からの財源に頼っている。つまり、生活習慣病の回避は立派な社会貢献といえる。同様に、安全運転を心がければ事故の発生確率が下がり、結果として交通事故でけがをしたり亡くなったりする人の数を減らすことができる。すなわち、祈禱は大乗仏教が推奨する立派な〝利他行〟ともいえるのである。

いい顧客を集めよう

前項では高い祈禱料を納める信者は、それだけ強いコミットメント効果を期待していることを示した。したがって、こうした信者にはご利益が生まれる可能性も高まるため、結果として祈禱料とご利益には正の相関が見いだされることになる。

これを祈禱寺の経営の面から考えると興味深い帰結が導かれる。つまり、祈禱寺にとって最も望ましいのは、高い祈禱料を納める信者が寺に訪れ、それがコミットメント効果でご利益につながり、その結果、寺の評判が上がり高い祈禱料を納める信者が集まってくるという好循環である。ただ、ここで注意を要するのは、祈禱料のアンカリングを失敗すると、経済学でいう逆淘汰が発生しかねないという問題である。

市場メカニズムが正常に機能しているときは、良質なサービス提供者が生き残るという自然淘汰が起きる。なぜなら、品質の低いものを高く提供する業者は消費者から選ばれなくなるからだ。ところが、品質の見分けがつかない場合は、この自然淘汰が成り立たなくなる。たとえば、中古車市場を考えてみよう。きれいに塗装をし直し、内装を整えれば、どの車も同じように見える。わかっているのは走行距離だけだが、長く走ったからといって必ずしも車が傷んでいるとは限らない。乱暴に運転していれば、走行距離が短くても良好な状態とはいえないかもしれない。

このとき、消費者が中古車の品質のばらつきを考慮し、一定の車種に対して１００万円以上は支払わないことに決めたとしよう。そうなると、中古車の売り手の中で、自分の車が１００万円より高い価値だと思っている人は正当に評価されないことを理由に市場から撤退するだろう。その結果、市場には100万円以下の中古車しか残らなくなる。品質の低いものが市場から淘汰されるのではなく、逆の現象が起きるのだ。これが逆淘汰という現象である。

この考え方を祈禱に応用してみよう。日本の祈禱寺院が祈願者を増やすことを目的に祈禱料の値下げを実施したとしよう。普通に考えれば、需要曲線は右下がりであり、生活必需品でもない祈願は価格弾力性が高いと想定されるので、この値下げは収入を増やすように思われる。

しかし、通常の財・サービスと異なり、祈禱には品質という概念が存在しない。祈禱の質を決めるのは信者本人の心がけ次第だからである。つまり、高額の祈禱料を納めようと考えている信者は、強いコミットメント効果を得ようと考えており、勢い祈禱のご利益が生まれる可能性も高い人たちである。もし祈禱料を値下げすれば、強いコミットメントを望む熱心な信者は祈禱寺ではなく神社に行ってしまうだろう。こうして良質な信者がいなくなる逆淘汰が起きるわけだ。

このように、祈禱料のアンカーは、良質な信者が祈願を継続してくれる程度までそこそこ高い金額に設定しておかなければならないのである。

来世があってこそ現世がある

私たちは社会で暮らしていくなかで、信頼関係を作り維持していくことを大切にする。その理由は、互いに信頼していれば、相手の行動を詮索したり、裏切られたときの準備をしたりする必要がなく、余計なコストをかけずに済むからである。そして、相手に信頼してもらうため、結婚式などさまざまな儀式を通じてコミットメントをするのである。

前項で、信者は仏を前にして、正しい行いをするというコミットメント（祈願）を行い、その結果、ご利益が生まれると述べた。これは信者と仏の信頼関係を意味し、信仰を深め、祈りを継続するインセンティブになる。ただし、ここで問題となるのは、どんなに健康祈願をしても、人間は最終的に病に侵され、必ず死ぬということである。つまり、最後には仏に裏切られるのだ。

このことがわかっていれば、信者にとって死ぬ前の最後の祈りを行うインセンティブはない。このことは仏も当然わかっているはずなので、信頼関係が解消されることを予測し、最後の祈りのひとつ前のご利益は与えないだろう。さらにそのことを信者がわかっているとすれば、もうひとつ前の祈りはしても意味がないと思うだろう。

このゲーム理論で用いられる〝後ろ向きの推論〟を続けていくと、はじめから祈りをしないのが賢明という結論になってしまう。要するに、最後に仏に裏切られることがわかっていれば、はじめから祈りはしないということである。

この信頼関係の解消を防いでくれるのが〝来世〟の存在である。たとえば浄土教では、「南

コラム2

〝空気〟という名の信仰

有名な「沈没船ジョーク」を以下に引用しよう。

沈没しかけている船に乗っている各国の客に対し、船長は早く海に飛び込むよう次のように伝えた。

アメリカ人には、「ヒーローになれますよ」
イギリス人には、「あなたは紳士じゃないですか」
ドイツ人には、「飛び込むのがルールです」
イタリア人には、「飛び込めばモテますよ」
フランス人には、「飛び込まないでください」
日本人には、「みなさん飛び込んでおられます」

こうした〝空気を読む〟傾向は日本人の特徴とも言われる。なぜそのような価値観が生まれたかについては、諸説あってここでは触れないが、これが祈りに与えている影響は少なくない。なぜなら、こうした現象は、〝空気〟を信仰し、空気の指示に従っているとも解釈できるからだ。

強固な信仰が、人間の行動に影響を与えることは想像に難くない。たとえば、戦国時代に織田信長が石山合戦に多くの時間を費やしたのは、その背景に、浄土信仰に裏打ちされた信者たちの死を怖れぬ頑強な抵抗があったことは間違いないし、いわゆる9・11に代表される同時多発テロにしても、イスラム原理主義によって、〝聖戦における聖なる死〟を約束された信者によって実行された。

ただ、現代の日本社会において、こうした宗教の力が社会全体の価値観に影響を与えていることは考えにくい。神である天皇を頂点とする国家神道が強制された戦前において、神風特攻隊の隊員たちは、「天皇陛下万歳」と叫んで命を落とした。しかし、それは神道の教えに従った信仰の力というよりも、戦争のために命を捧げることを絶対視する当時の〝空気〟が作り出した価値観だろう。

そうした〝空気〟が支配する社会では、ひとりだけ反対の声を上げることはきわめて難しい。〝ウィズ・コロナ〟と言いつつもマスクを外すことができず、感染対策としてさほど効果的とは思えないアクリルボードを飲食店が撤去できないのは、多くの人たちが〝空気〟を信仰しているからではないだろうか。

これは行動経済学でいうところの〝ハーディング現象〟と解釈できる。ハーディング現象とは、個人が大多数の人と同じ行動を取ることで、安心を得ようとする群集心理が生み出す傾向のことをいう。そこに〝空気〟という目に見えない価値観が横たわっているならば、無理に逆らわずそれに従っていた方が楽ということだ。

逆に、「止めたい」と思っていても行動を変えられない人がほとんどであれば、こうした状況は、〝囚人のジレンマ〟だと解釈すべきだろう。実際、〝鬼畜米英〟などと言って戦前あれほど敵視していたアメリカに対し、戦後になると態度を一変させ、占領軍トップのマッカーサー元帥に、ファンレターを50万通も送ってしまうのが日本人なのである。

戦前の〝進め、一億火の玉だ〟や〝任務は重く命は軽く〟などといった標語が、信仰に裏打ちされたものであったとするならば、終戦後、それほど短時間で変わるものではないだろう。これは、戦争に負けて〝空気〟が変わったためとしか理解のしようがない。

こうした〝空気信仰〟が根強い日本において、仏教教団が信者に教えを伝えていくことは、至難の業と感じてしまうのは私だけだろうか。

無阿弥陀仏」と唱えれば、阿弥陀仏の本願により信者は死後に極楽浄土へ往生できると説かれる。つまり、死んで終わりというわけではなく、浄土という来世へ行き、菩薩として仏になるための道を歩んでいかれるのである。

極楽にしろ天国にしろ、宗教が死後の世界を描きたがる理由はそこにある。人間は現世の利益を求めて祈るものだ。そして人間が最も避けたいのは死ぬことだろう。だとしたら祈りの最優先課題は〝死なないこと〟であり、この問題が解決できなければ宗教は成立しない。だが、現世よりもすばらしい来世が存在し、祈ることでそこに到達できるのであれば、神仏は裏切らないことになる。信者と神仏の信頼関係は継続され、信仰が消えることはない。

注

（1）祈ったことによってもたらされる利益のことをいう。第2章でその宗教的な意味について詳しく述べる。

（2）これは後悔を避けるため現状維持を続けるという意味から〝現状維持バイアス〟とも称される。

（3）曹洞宗の僧侶である西岡秀爾は、法務のかたわら病院でスピリチュアルケアボランティアを務めている。西岡は、宗教者による祈りが患者の心の痛みを緩和するうえで一定の効果を持つと指摘する。すなわち、そこでの祈りとは、「病いによって失われようとしている患者の生きる意味や目的を改めて見出せるよう手助けする」ことだという。

（4）以下は、箱田ほか『認知心理学』（266ページ）からの引用である。

（5）前項で取り上げた〝生存者バイアス〟において、「祈願をした人が合格する」という命題を「合格した人は祈願をしていた」という命題に読み替え、82％という値を祈願の有効性の根拠とみなすのは確証バイアスのなせる業とも考えられる。本来の検証方法は、ある人が祈願をした場合としなかった場合を比べ、した場合に合格確率が上昇するかどうかを調べることである。前項では「上昇しない」という前提で数値を作成している。

（6）調子の波は一種の確率変数である。確率変数は必ず平均へと回帰する。なぜなら平均の定義上、それより良い状態や悪い状態が永続することはないからである。

（7）加藤隆『100分 de 名著　旧約聖書』58ページ。

（8）宗教評論家のひろさちやも『仏教の歴史』9巻の中で「信じた者だけを救う神は安っぽい神だ。それは百円玉を投入したから缶コーヒーがでてくる自動販売機の理屈であって、そのような神は自動販売機でしかない。インチキ宗教というものは、たいていがそういう安物の神の宣伝をしている」と述べている。

（9）布施や祈禱料の宗教的な意味については後述する。

（10）アリエリー『予想どおりに不合理』329ページ。

（11）有元裕美子『スピリチュアル市場の研究』174―175ページ。

（12）福澤諭吉は『福翁自伝』の中で、「一つ稲荷様を見てやろうという野心を起して、社の中には何が入っているか明けて見たら、石が入っているから、その石を打擲ってしまって代りの石を拾うて入れて置き、隣家の屋敷の稲荷様を明けて見れば、神体は何か木の札で、これも取って捨ててしまい平気な顔していると、間もなく初午になって幟を立てたり太鼓を叩いたり御神酒を上げてワイワイしているから、私は可笑しい。「馬鹿め、石に御神酒を上げて拝んでるとは面白い」と、独り嬉しがっていたというような訳けで、幼少の時から神様が怖いだの仏様が難有いだのいうことは一寸ともない」と書いている。福澤は少年時代にプラセボ効果の検証を行っているのである。

（13）瓜生原葉子「臓器移植の普及啓発について」『第54回臓器移植委員会資料』2021年。

（14）2022年12月、民法の嫡出推定制度の見直し等を内容とする民法等の一部を改正する法律が成立し、同月16日に公布された。その背景には、これまでの嫡出推定というデフォルト・オプションが女性に不利益をもたらす可能性があったことが挙げられる。その内容は、婚姻中または離婚後300日以内に生まれた子どもの父親は、婚姻中の夫（前夫）であると〝推定〟され、何もアクションをとらないとこの父子関係が確定し、否定する場合は出生1年以内に裁判所に否認の調停を申し立てる必要があるというものであった。しかも否認申立てができるのは夫に限られていたのである。これは、妻にとって不利なデフォルト・オプションといえる。

(15)　架神恭介、辰巳一世『完全教祖マニュアル』は、宗教活動への参加が行動を起こす〝きっかけ〟作りになる事例を紹介している。同書60―63ページを参照。

(16)　元三大師おみくじが引けるお寺の住職の話では、おみくじは自分が引くものではなく、寺の僧侶に頼んで引いてもらうのが正式だそうである。たしかに、自分で引いてしまったら自家製でもあまり変わりなくなってしまうし、普段から本尊と接している僧侶に引いてもらえばそれだけハロー効果も強く感じられるだろう。

(17)　住職が祈禱料とご利益の関係性を否定する理由については6節の社会規範と市場規範に触れた箇所で説明する。

(18)　1節のプロスペクト理論に触れた箇所で述べたように、祈願の内容によってご利益の価値は変わる。しかし、それに対していくらの祈禱料を納めればよいのかがわからないのである。

(19)　厄除けではお寺の取材が叶わなかったため、おとり効果が働いているかどうかの検証はできなかったが、他の祈禱寺院で私の取材した限りでは、真ん中の金額を選ぶ信者が多いという回答を得た。

(20)　賽銭が小銭のため、お寺がそれを集めて郵便局や銀行に持って行くと手数料を徴収される。なかには海外旅行で余った外国の小銭を入れる参拝者もいて住職は困っていると聞く。こうしたこともキャッシュレス要望の背景にある。

(21)　餓鬼道に落ちた死者は、どんなに食べても飢えが満たされない苦しみを味わっていると考えられている。

(22)　バデリー『行動経済学』25ページ。

(23)　アリエリー『予想どおりに不合理』124―126ページ。

第2章　仏教における祈り

第1章では、祈りのメカニズムについて行動経済学の観点から説明を試みた。本章では、仏教と祈りの関係について考える。はじめに、宗教で祈りが必要とされる理由ついて概観したのち、仏教における祈りの位置づけを明らかにする。次に、日本仏教の各宗派が祈りをどのように扱ってきたかについて、歴史を振り返りつつ考察する。

宗教には、それを広めるための教団というものが存在し、教団に所属する聖職者は生活のために何らかの収入を得る必要がある。収入を増やすには信仰を広め、祈りという名のサービスを消費者に提供しなければならない。つまり、祈りをどう扱うかは教団の収益に直結するのである。

時代の変化とともに人間の祈りの内容は変化する。宗教はそれとどう向き合うべきだろうか。最後に、現代の仏教教団の抱える課題を取り上げることとしたい。

1　祈りのニーズはなくなるのか

宗教に対する需要がどのような理由で生じるかについてはこれまで多くの研究がある。R・バローとR・マックリアリー（以下、B&M）の『宗教の経済学』は、経済学の視点から議論の整理を行っている。そこでの最大の関心事は、「経済の発展とともに宗教への需要は減る」という〝世俗化仮説〟の検証である。

この仮説の提唱者として最も有名な学者のひとりはM・ヴェーバーだろう。『プロテスタンティズムの倫理と資本主義の精神』の中でヴェーバーは、プロテスタンティズムの禁欲的な勤労精神が、近代資本主義の萌芽期には良質な労働力の供給において重要な役割を果たしたものの、その後は資本主義社会のしくみ自体が、勤労精神推進の担い手として信仰に取って代わったことにより、宗教的な裏付けを必要としなくなったと述べている(1)。

L・イアナコーンは、世俗化仮説の実証研究を最初に行った経済学者である。彼は世界31カ国について礼拝の参加率を時系列で推計し、1930年代と1980年代の比較において、フランス、ドイツ、イギリス等で下落傾向が見られることを示した。ただ、例外として北欧は低いままで、アメリカとアイルランドは高いままという結果を得ている。また、B&Mは、19

80年代以降について世界100カ国のデータを用いて国内総生産（GDP）と礼拝参加率の相関関係を分析し、イアナコーンと同様に両者の間の負の関係を確認している。

このように、実証分析の結果として、経済的な豊かさと信仰心の間に負の関係があることは概ね確認されているが、その背景にどのようなメカニズムが存在しているかについては、いまだ仮説の段階であり、はっきりとした結論が出ているわけではない。

仮説のひとつは、教育レベルが上がるに従って、さまざまな問題を科学的な知見によって解決するようになり、信仰に頼る必要性が薄くなるというものである。しかし、この点について、B&Mの研究では、他の事情を一定にしたとき、教育年数と宗教性の間に相関は見いだされていない。ただ、都市と地方の間には宗教行事への参加率に有意な差が見られた。その理由としては、経済成長による都市化の進展で、価値観が多様化し宗教行事のウェイトが下がることや、竜巻や洪水など自然の不確実性に直面しがちな地方ほど宗教に頼る傾向にあることなどが指摘されている。

もうひとつ、B&Mが世俗化仮説の背景として挙げているのは、信仰心はあるものの、どの教団にも属さない信仰の〝無宗派層〟の存在である。こうした人たちが先進各国、とりわけ日本など出生率が低く高齢化が進んでいる国で増加しているという。B&Mはハーバード大学で「宗教と政治経済学」を履修する学生を対象に宗教観の調査を行ったところ、その約4割が

〝無宗派層〟ないしは無神論者だったとの結果を得たという。ただし、彼らはこれが同大学における教育の影響ではないと断言している。

教育年数と信仰心の間に有意な関係は見いだせなかったが、一般的に宗教と科学の関係についてはこれまでにもさまざまな議論があった。地動説や進化論をめぐってキリスト教団と科学者の間で激しい対立があったことは周知のとおりだ。それでも、さすがに地動説だけは否定しがたいと判断したのか、ローマ教皇ヨハネ・パウロ二世は1992年にガリレオ裁判の誤りを認め、2008年には同ベネディクト一六世が地動説を公式に認めている。

もっとも、地動説については、『聖書』の記述と食い違うというだけなので教団として渋々ながら容認はできたのかもしれないが、進化論となると、創造主としての〝神〟そのものの存在の有無に関わってくるため、容易には認められないだろう。他方、進化生物学者であるR・ドーキンスは、『神は妄想である』の中で、神学が科学の説明できない領域を担当するというならば、「深淵な宇宙論上の疑問に対して、神学者はいかなる専門的知識をもたらすことができるのか」と疑問を呈している。

確かに、科学が進歩すれば宗教の守備範囲は狭くなるのかもしれない。気象衛星で雲の動きがわかるようになれば、雨乞いをすることの意味は薄れるだろうし、医学の進歩によって病気のしくみがわかれば、祈禱だけで病気が治るとは思わないだろう。交通祈願をしなくても、カメラやセンサーなどの安全運転装置をつければそれで十分なように思われる。A・スミスが〝見えざる神の手〟と称した市場メカニズムも、後年、数理経済学者の手によって厳密な数学モデルの形として理論化された。

しかし、どんなに科学が進歩したとしても、将来の不確実性を完全に消し去ることはできない。地震が起こるメカニズムはわかっても、いつどこで発生するかはわからない。どんなに勉強しても必ず合格できるとは限らない。いかに精緻な経済モデルでも経済予測に対してほとんど無力なのは誰もが知っている。私たちの周りにこうした不確実な状況がある以上、その不安を和らげるため何かに頼ろうとするのは当然のことである。

〝神が存在するかどうか〟という論争に決着がつくかどうかは別としても、神や仏の存在を信じたいという人々が一定数いる以上、それに応えようとする集団が生まれることは避けられない。どんなに経済が成長し、教育機会が増え、個人化が進んだとしても私たちが祈らなくなるとは思えない。祈りの内容が変わるだけなのである。

2　仏教の成り立ちと宗教への移行

前節で紹介したドーキンス『神は妄想である』では、仏教について「宗教ではなく倫理体系ないし人生哲学」の一言で片付けられている。確かに、釈迦の唱えた教え（原始仏教）は、その解釈で正しいように思う。まずは仏教の成り立ちから祈りにつながるまでのプロセスを振り返ってみよう。

仏教の始まり

仏教の始祖であるゴータマ・シッダッタは、北インドの釈迦国の王子として誕生した。恵まれた境遇で育ち家庭も持つが、29歳のとき城を出て出家する。その理由を記した伝説「四門《しもん》出遊《しゅつゆう》」によると、外遊のため城の東門から出た王子は、まず老人と会って〝老〟を知り、次に南門から出たとき病人を見て〝病〟を知り、そして西門から出たとき道に横たわる死者と遭遇して〝死〟を知った。こうして人間ならば避けられない〝老病死〟の苦しみを見て人生の空しさを知ったあと、最後に北門から出たときに迷いない表情をした修行者に出会ったことで、王子は出家を決意したとされる。

自ら修行者となった釈迦は、苦しみから解脱するための方法を見いだそうと、坐禅、瞑想、苦行、断食等を開始する。そして最終的にたどり着いた結論は、〝中道〟の精神を保つことだった。宗教評論家のひろさちやはこれを「いい加減」と呼び、宗教学者の島田裕巳は「何不自由ない「楽」な道と苦行という「苦」しい道の中間」と述べている。

つまり、老病死の苦しみは、どんなに快楽を追求してもなくならないし、自分を痛めつけても消えることはない。なぜなら、そこには「○○をやりたい」とか「○○でなければならない」という〝こだわり〟すなわち煩悩が存在しているからだ。そして、煩悩を捨てるためには、世の中に存在するすべてのものは常態化せず、いずれは消えてなくなる運命にあるという〝無常〟の概念を理解するしかない、というのが釈迦が説く教えの基本的な考え方といえる。

この教えは現代人にも十分に通じるだろう。ひろさちやは、この概念の理解のために、図2・1のような〝幸せの方程式〟を示している。[2] 私たちには生きていくなかで何らかの欲望がある。食欲は生きていくうえで欠かせない欲求だし、性欲は人類が子孫を残すために備わっているものだろう。そして金銭欲は経済活動を実践するためのエンジンとなる。こうした欲望の高まりは、図2・1の分母を大きくし、幸福度を下げるので、分子の充足を高めるインセンティブになる。そして、幸福度はもとの水準に戻る。

図 2.1　少欲知足

$$\uparrow \text{幸せ} = \frac{\text{充足}}{\text{欲望}} \downarrow$$

しかし、これだけでは終わらない。ひとつの欲求が満たされれば、また新たな欲求が生まれるからだ。この欲望↓充足↓欲望↓……という無限ループが煩悩であり、永遠に幸せになれないことが苦しみの正体である。だとすれば、この無限ループから抜け出す方法はひとつしかない。苦しみのもととなっている〝欲望〟そのものを少なくすればよいのだ。

この一見逆説的ともいえる目から鱗の発想こそ、仏教が倫理ないし哲学と称されるゆえんである。こうして始まった仏教は、どのようにして〝宗教化〟していったのだろうか。

原始仏教の宗教化

前項でみたように、仏教は人間の〝生き方〟を示唆する教えである。したがって、この教えの論理構造さえしっかり理解できれば、出家でも在家でも、男でも女でも区別なく受け入れることができる。また、仏教の根本概念の〝無常〟は、すべての事物には必ず原因があり、過去から現在を経て未来へとつながっていく因果ないし縁起の連鎖を意味する。そこには相対的な関係性は見いだせても、絶対的な存在というものはない。

これは〝神〟という絶対的な創造主を持つキリスト教やイスラム教とは決定的に異なる点といえる。絶対的な存在に頼るのではなく、釈迦の教えを理解し、こだわりを持たない正しい行いを通じて悟りを開くことを目指すのが仏教ならば、そこに祈りは存在しない。

釈迦がクシナーラで入滅した後、弟子たちの間で教義を確定する作業（結集《けつじゅう》）がスタートした。具体的には、釈迦の説法を書き残した経典の整理と信者が守るべきルール〝戒〟ならびに出家修行者の行動規範を定めた〝律〟の確定である。

そうなると往々にしてあることだが、教えの解釈をめぐって弟子たちの間で論争になる。その結果、原始仏教は20の部派に分裂したが、なかで最も大きな勢力となったものが、〝説一切《せついっさい》有部《うぶ》〟と呼ばれる部派であった。そこでは、悟りを開くためのハードルを高くし、出家者のみが修行者（阿羅漢《あらかん》）として、こだわりからの解脱を目指す資格があるものとみなした。すなわち、一般人や女性をその対象から外し、参入障壁によって専門家集団としての権威を高めたのである。

そうした閉鎖性は、新しい教えの登場をもたらした。その教えとは、それまでの仏教を出家者だけを救う〝小さい乗り物（小乗）〟の発想であると批判し、出家者に限らず広く一般の人たちを煩悩から解放する〝大きな乗り物（大乗）〟を用意することの重要性を説くものである。

そのような教えが生まれた経緯は諸説あって定かではないが、日本の仏教史においても、奈良時代の南都六宗の権威主義に対抗して空海の真言密教や最澄の天台密教が誕生したこと、さらには、比叡山の保守性に異を唱えて鎌倉仏教が花開いたことを考えれば、当然の動きともいえる。

ただ、そのためには仏教の教義を根本から作り直す必要があった。なぜなら、一般の人たちは、出家修行者のように世俗から離れた場所で、瞑想に明け暮れることなどできないからである。そこで考え出されたのが、釈迦の到達した悟りの終着点である〝仏陀《ぶっだ》〟になる前に〝菩《ぼ》薩《さつ》〟というステップを設けるというアイデアである。つまり、いきなり釈迦のレベルを目指すのではなく、まずは菩薩という仏陀候補生になって正しい行いをしようということである。

そして、自分に仏陀を目指す心構えである〝仏心〟があることを確認し、菩薩になるためのさまざまな方法が考え出された。この方法論を示したのが大乗仏教の経典であり、どの方法を採用するかによってさまざまな宗派が誕生したわけである。

図2・2はこの動きをまとめたものである。小乗仏教では出家者だけが集まって解脱を目指すので第1象限に位置付けられる。そこから一般の人たちの救済を目指す下段に移動するには以下の3つの代表的な方法がある。

①　坐禅を通じて仏心があることを仏陀に認めてもらう方法
②　経典の力によって仏陀の世界に飛び込む方法
③　仏陀の力を借りて菩薩になる方法

①は自らの実践を通じて救われる道（自力）であり、③は自分にはそうした力がないことを理解したうえで仏陀の力によって救われる道（他力）である。②は自力も他力も否定はせず、経典の力を含めた〝三力〟によって救われる道を示している。いずれのケースもカリスマである仏陀が介在することから、そこに〝祈り〟の要素が入ってくる。

このうち、①の自力では、仏心があることを認めてもらいさえすればよいので、時と場所に

図2.2　小乗から大乗へ

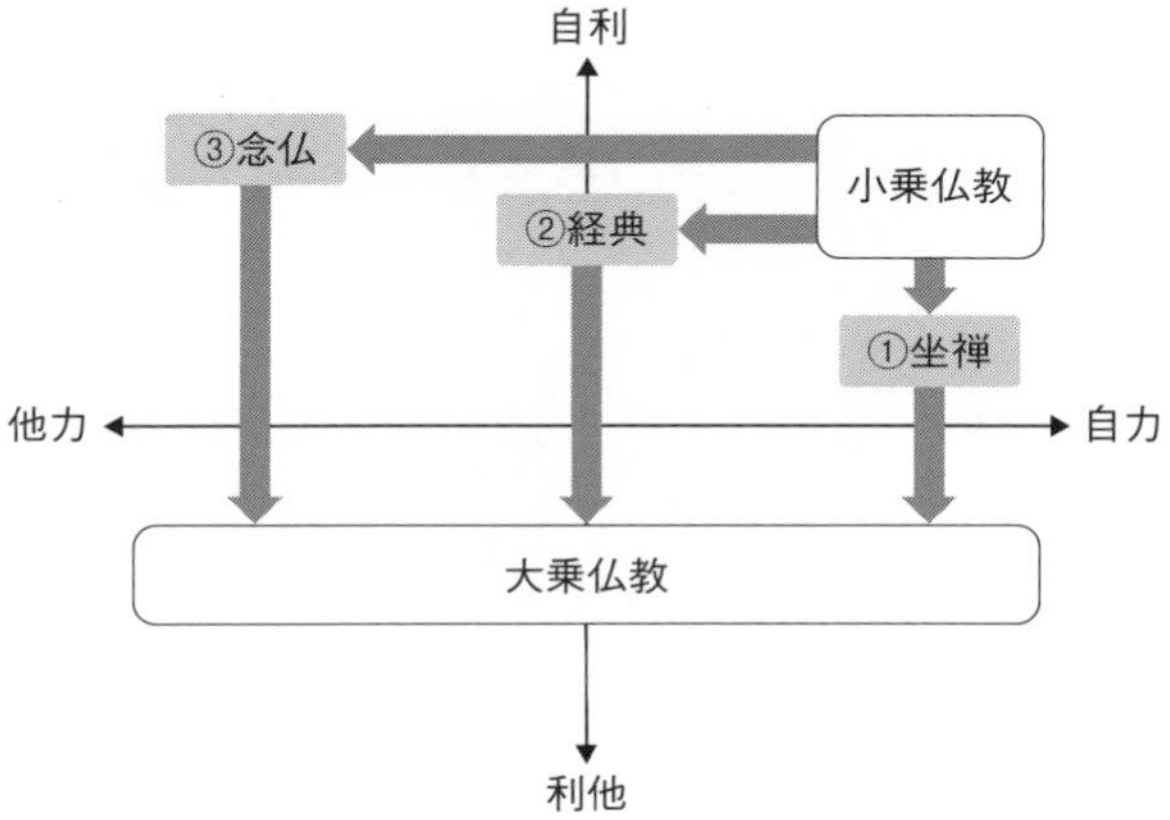

縛られることなく、心を落ち着かせ静かに瞑想すればよいことになる。また、③の他力では、自分の無力さを悟ってすべてを仏陀にお任せすればよいので、こちらも時と場所を選ばず実践できる。したがって、①と③は、必ずしも寺や僧侶に頼らなければならないわけではない。

他方、②では、特殊な言語や経文が欠かせないことから、そのための設備や道具を備えた寺院のもとで、専門的な技術を持つ僧侶が〝祈り〟の仲介をしなければならない。つまりそこに教団のビジネスチャンスが生まれてくるわけだ。その点、①と③では寺や僧侶の仕事がなくなってしまうことから、生き残るためには何らかの専門的なノウハウを必要とする〝祈り〟の作法を取り入れる必要が出てくるのである。

3　日本仏教における祈り

前節では、本来祈りを必要としなかった仏教において、どのようにして祈りの必要性が生まれたかについて概観した。本節では、日本仏教に焦点を絞り、祈りがどのように定着していったかについて考察する。

何か願い事があり、しかもそれが自分の力だけではいかんともしがたいとき、何かに祈るという行為は、人間の本源的な欲求のひとつであると言っていいだろう。仏教が日本に伝わったのは6世紀半ばであるから、それまでには、自然崇拝などの民俗信仰が各地に存在していたはずである。したがって、仏教を根付かせるためには、そうした古来の信仰との整合性を図らなければならない。

そこで大きな役割を担ったのが、本地《ほんじ》垂迹説《すいじゃくせつ》という考え方である。すなわち、すでに祈りの対象とされていたさまざまな〝神々〟が、じつは仏や菩薩などの仮の姿だったとみなすのである。たとえば、日本神話に登場する天照大神《あまてらすおおみかみ》は仏の世界における大日如来《だいにちにょらい》であり、大国《おおくに》主命《ぬしのみこと》は大黒天といった具合である。この国家による〝神仏習合〟政策は、日本人の祈りを仏教と結びつけるうえで大きな役割を果たしたのである。

以下では、日本の仏教史を振り返りつつ、そこに登場する宗派がどのようにして祈りを扱ってきたかについて考える。

奈良仏教

日本に仏教が定着したのは、親仏教派の蘇我氏と反仏教派の物部氏の勢力争いに、蘇我氏が勝利したときからとされている。その後、仏教を国家統率の基本にしようと考えた聖徳太子の尽力もあり、奈良時代になると仏教は隆盛期を迎えることとなる。当時の仏教は、中国仏教の影響を受けた鎮護国家を目的とするものであった。それゆえ、聖武天皇は自然災害や疫病などの国難から民を救う目的で、奈良に巨大な盧遮那仏《るしゃなぶつ》を安置した東大寺を建立し、その末寺として各地に国分寺と国分尼寺を建てたのである。

仏教が国家のための宗教となったことにより、聖職者である僧侶は公務員として安定した地位を与えられ、次第に政治力を身につけるようになる。その最たるものが天皇の寵愛を受け、法王にまで上り詰めた僧侶・道鏡による〝宇佐八幡宮神託事件〟である。道鏡を皇位につけるか否かの神託をめぐって揉めたこの事件をきっかけに、仏教教団と政治の結びつきが問題視されるようになり、桓武天皇は奈良からの遷都を決意することとなった。

このように、日本に導入された仏教は、原始仏教でも大乗仏教でもない、呪術的色彩の強い鎮護国家を目的とした宗教であったことがわかる。医学や気象学が確立されていない当時、祈りの目的は、災難除けなどの損失回避に偏りがちとなる。そうした宗教活動の最大のスポンサーは国家なのである。

だが、A・スミスが『諸国民の富』で指摘しているように、国家権力の保護を受けた宗教は、布教のインセンティブを失い腐敗をまねく。[3] 隆盛をきわめた奈良仏教が全国に広まらなかった最大の理由はそこにあったと考えられる。

密教における祈りと現世利益

奈良仏教との決別を図った桓武天皇は、仏教の閉塞感を打開するため、遣唐使を活用して中国から最新の仏教教義である密教を取り入れようと考えた。密教経典のひとつである『華厳経』はすでに奈良時代には日本に導入されていた。しかし、奈良仏教は鎮護国家を目的とするものであったため、教えの全体像がみえにくく、一般の人たちの救済に結びつけるには大きな隔たりがあった。そのギャップを埋めたのが平安仏教のスーパースターとして名高い最澄と空海である。

このうち、最澄が中国から日本に持ち込んだのは天台密教と称されるが、彼の訪中の目的はさまざまな経典をとりまとめ、奈良に取って代わる仏教の総合大学を比叡山に設立することで

あった。したがって、その集大成ともいえる天台宗を純粋な密教と呼ぶのは適切ではない。(4)

密教とは〝秘密の教え〟を意味することばで、経本を読んだり話を聞いたりして学ぶものではなく、師僧とともに体感して身につける教えのことである。空海が日本で開いた真言密教の最大の特徴は、そのスケールの大きさに尽きるだろう。仏陀の住む壮大な世界を表した〝胎蔵曼荼羅〟を宇宙に見立て、そのことに気づきさえすれば、人間が生きたままその中に入ることができると説くのである。そして気づくために、真言と呼ばれる呪文を唱え（口密）、両手を組み合わせて印契《いんげい》を結び（身密）、宇宙全体を統治する大日如来を思う（意密）３つの儀礼の実践が必要とされる。

真言密教における祈りと現世利益の関係を語るうえで、密教経典のひとつである『理趣経』についても触れておかなければならないだろう。なぜなら、この経典は真言宗の寺院で、勤行の際に必ず読誦《どくじゅ》されるほど重要視されており、その内容は人間の欲求を肯定している点で大きな特徴があるからである。

まず、私たちは食欲を否定することはできない。食べなければ人間は生きていかれないからだ。他方、性欲も人間の本質的な欲望だが、それを否定しても生きてはいかれる。その意味において、性欲とどう向き合うかは人間に突きつけられた課題といえる。『理趣経』は男女の交わりによって得られる恍惚が〝菩薩の境地〟だとして肯定する。そして、こうした人間の持つさまざまな欲求の存在を認めたうえで、そこで得た楽しみ（小楽）を社会全体の楽しみ（大楽）につなげよと説くのである。

このように、真言密教の神秘性と『理趣経』の教えは、祈禱による現世利益の実現とぴったり符合する。そして、真言宗の寺で祈禱が盛んに行われていることの説明もつく。ただし、これは少欲知足を旨とする仏教本来の教えとは真逆の大転換であることも否定はできない。

だが、いまだ地方に残るさまざまな空海伝説を持ち出すまでもなく、空海自身、仏陀の世界に生きる人間として、さまざまな利他行を実践してきたことにもわれわれは注目すべきだろう。その背景となる空海の考えとして、司馬遼太郎は「〔空海は〕インドから長安をへてはるばると日本へもたらされた密教的断片に接するにおよんで、人間の功利性に応えるところの自然科学を知ったのである。自然の理法を知り、それを動かす方法さえ会得すれば智慧の源泉である自然からかぎりなく利益をうることができる」と述べている。(5) この発想は、広く一般の人々を救う大乗仏教の目的とも合致するといえる。

浄土宗における現世利益の考え方

架神恭介と辰巳一世は『完全教祖マニュアル』のなかで、「宗教の本質は〔……〕反社会性にこそある」としたうえで、その理由として「新興宗教はその社会が抱える問題点に根差して発生するものだから」という。その意味において、浄土宗は平安末期という混乱の時代が生んだ典型的な新興宗教であったといえる。

浄土宗祖師の法然が著した『選択《せんちゃく》本願念仏集』を読むと、その〝反社会性〟を垣間見ることができる。その理由は、次の２点に集約されるだろう。

①　念仏（南無阿弥陀仏）を唱えさえすれば難しい修行をしなくても来世において極楽浄土に生まれ変われると説いたこと

②　念仏以外の行をすべて〝雑行《ぞうぎょう》〟だとして切り捨てたこと

この２つをセットとして〝専修念仏《せんじゅ》〟と称される。このうち〝雑行〟の中身は、往生浄土を説く経典以外の諸経を読誦すること、阿弥陀仏の浄土以外の世界を思い描くこと、阿弥陀仏以外の仏や菩薩を礼拝すること、そして阿弥陀仏以外の仏や菩薩の名を称することとなっており、浄土教以外はすべて〝邪教〟とみなすほどの勢いである。

法然がこうしたラディカルな考えに至ったのには時代背景が影響している。彼が比叡山に登った１１４５年から浄土宗を開くまでの30年間は、平安時代から鎌倉時代への移行期で、政治的に不安定な時期であった。とりわけ京都は、１１５６年の保元の乱ならびに１１５９年の平治の乱の戦場となり、治安の悪化と貧困に見舞われた。

まさに現世が地獄と化したこのときに、当時の仏教の最高学府であった比叡山は、庶民の苦しみに目を向けることなく、仏典の研究と利権の拡大に明け暮れる有様だった。こうした状況に業を煮やした法然が、〝厭離《おんり》穢土《えど》欣求《ごんぐ》浄土《じょうど》（穢れたこの世を離れ、浄土に生まれることを求める）〟をスローガンに、学問的な素養や特別な修行をいっさい必要としない、念仏という〝易《い》行道《ぎょうどう》〟による仏への道を説いたのは、きわめて真っ当なアプローチだったと解釈できる。

ただ、天台宗や南都六宗にしてみれば、こうした易行道を説くだけに留まらず、他宗を〝邪教〟だとする専修念仏の広まりは、自らの存在意義を危うくするものである。そこで幕府や朝廷に働きかけて、念仏禁止の発令や法然一門の断罪を要求した(6)。本項のはじめに記した〝反社会性〟とは、既得権益を持つ団体や権力機構にとって都合が悪いという意味なのである(7)。

さて、浄土宗の革新性についてはご理解いただけたと思うが、ここでひとつ注目しなければならない点がある。浄土宗が専修念仏の根拠とする『無量寿経』という経典には、阿弥陀仏がかつて法蔵菩薩であったときに立てたという48の誓願があり、その18番目に、「わたしが仏になるとき、すべての人々が心から信じて、わたしの国に生まれたいと願い、わずか十回でも念仏して、もし生まれることができないようなら、わたしは決して悟りを開きません」と書かれている。そして、当然ながら法蔵菩薩は阿弥陀仏になっているわけだから、この願いはすでに叶えられたものと解釈できる。

簡単に言えば、阿弥陀仏が私たちに代わって願を立てて祈り、その願いが叶えられたのだから、阿弥陀仏の存在を信じてくれさえすれば、あなたも極楽浄土へ往生できるというのである。そうなると、宗教活動の重要な構成要素のひとつである祈りが、浄土宗には必要ないことになってしまう。

実際、法然は『百四十五箇条問答』で次のように答えている。

問47：お経はお坊さんにあげてもらうべきなのですか。
答47：お坊さんに頼らなくても自分であげればよいのです。

問66：臨終の際に、立派なお坊さんに立ち会ってもらわなくても大丈夫ですか。
答66：立派なお坊さんに立ち会ってもらわなくても念仏していれば往生します。

つまり、浄土宗では、阿弥陀仏を信じて念仏しさえすれば特別に祈る必要はないので、臨終の時でも専門職である僧侶を呼ばなくていいというのである。実際、法然は念仏はどこでもできるとして寺を開くことすらしていない。なんというおおらかさと懐の深さだろう。お金もなく余裕もない庶民が専修念仏に惹かれるわけだ。だが、これが広まれば僧侶の仕事は確実に減る。

祈りが存在しないのであれば、当然ながら現世利益も存在しない。そもそも『選択本願念仏集』にあるように、密教における祈禱は雑行に分類されているわけだから、祈りなどという概念は当初から浄土宗には存在しないのである。しかし、煩悩から逃れられない現世に生きる庶民（凡夫）にとって、現世利益を求めての祈りは欠かせないだろう。実際、現世でのご利益を願って〝南無阿弥陀仏〟を唱える信者もいるはずだ。そうしたニーズに対して、浄土宗はどのように対処してきたのだろうか。

法然自身は、過去の文献を見る限り、現世利益については肯定もしないが否定もしない曖昧なところがある。たとえば、『浄土宗略抄』には「（念仏を唱えていれば）たとえ病気になったとしても、症状が軽く済んでいるかもしれない」とあり、現世のご利益はあくまで、予期せぬもの、すなわち不求自得《ふぐじとく》（求めずに得られるご利益）として解釈されるようである[8]。

しかし、主著の『選択本願念仏集』第15章では、「念仏を続ければ阿弥陀仏のご加護を得て災いを取り除き、延命・長寿が可能になる」と述べているし、さらには、北条政子からの手紙への返事として、「ただ念仏ばかりこそ現当の祈禱とはなり候え」と書かれているとの記録もある。

祖師がこのようなどっちつかずの態度であったためか、浄土宗では現世利益の解釈をめぐり祈禱容認派と否定派（捨世派）による意見の相違が生まれた。容認派としては、誰しも現世利益は求めてしまうものなのだから、それを否定するのではなく、信者獲得のための「方便」として活用すべきだとした。他方、否定派は、念仏によって阿弥陀仏の功徳がすでに行き渡っている状態で祈禱をするということは、健康な人間が薬を服用するようなもので害をもたらすだけという。(9)

宗としての公式な見解は明らかではないが、浄土宗総合研究所や宗が発行する読本等では、現世利益の存在は認めるものの、それを積極的に求めての念仏祈禱については否定的な立場をとっているように思われる。(10) ただ、浄土宗大本山である東京・芝の増上寺では、〝黒本尊ご祈願〟と銘打って、勝運祈願、家内安全、商売繁盛など少なくとも17種類の祈願を受け付けている。また、祈願札の金額は最低でも5000円、最高額は10万円と〝増上寺ブランド〟を前面に出しており、これが本当に浄土宗の寺かと見まがうほどだ。

こうした状況を見る限り、浄土宗における祈りと現世利益の扱いは、依然として曖昧なままというしかないだろう。

浄土真宗における現世利益の考え方

親鸞を祖師とする浄土真宗（以下、真宗）は、浄土宗の教えをさらに〝過激〟にしたものといえる。法然の弟子なので基本的な考え方は同じだが、親鸞は南無阿弥陀仏と称名《しょうみょう》する必要すらないという。そして、阿弥陀仏は、称名すらできないうえに、自分の本願を信じないような凡夫までも率先して救ってくれるという〝絶対他力〟の発想が真宗の神髄といえる。

このような発想に親鸞が至ったのは、自らが煩悩に打ち勝てない弱い人間であると認めていたからと思われる。どれほど過酷な修行を自らに課しても、女性への愛欲の情を捨てきれず、最終的にはさまざまな欲求を併せ持つのが人間だと受け入れたうえで、そうした者まで救えずして〝他力〟とはいえないと考えたのだろう。それゆえ親鸞は僧侶でありながら妻帯し、あえて世俗と同じレベルに自分を降ろしたと推察される。

こうした極端ともいえる他力の考えに基づけば、菩薩や仏陀になることを目指して自らアクションを起こす〝自力〟行は、必要ないどころか、阿弥陀仏の願いを信用していないことになる。したがって、真宗では、祈禱をはじめとする現世利益を求める呪術的宗教活動はいっさい認められないのである。

この教義は、すべて真宗信者向けの教本『浄土真宗　必携　み教えと歩む』に文章化されている。同書によれば、「世間では、お寺や神社で「病気が治りますように」などと現世祈禱をするのはごく普通のことと思われていますが、そのような現世祈禱をたよりにしないというところに、浄土真宗の大きな特徴があります」と書かれ、その理由は、現世祈禱をしてたまたま病気が治ったとしても「生きていれば次々と問題が発生し、〔……〕願いがかなっても満たされず、尽きない欲望のなかで迷い続ける」からだとされている。これは図2・1で示した少欲知足の考えそのものである。

ところが、真宗には親鸞の教えとして『現世利益和讃』なる文書が存在している。これは一五首から構成されていて、その一首目に「阿弥陀仏は災難を無くし命を延ばすために出現して経を説いている」とあり、二首目には「伝教大師〔最澄〕は七難を消滅されるために南無阿弥陀仏を唱えよと告げた」とある。これは明らかに現世での利益を意味する文言である。

これについての教団としての解釈は、基本的に浄土宗の考え方と同じである。先に引用した教本によれば、阿弥陀仏を心の内に思えば、自分から祈らなくても阿弥陀仏本来の願いによって与えられると解釈される。つまり、現世利益がもたらされたとしても、それは念仏による結果なのではなく、あくまで阿弥陀仏が信者を救いたいという願いによるものということだ。

ただ、こうした真宗の教えは本質的な問題を抱えている。それは、その内容がきわめて高度ということだ。これは浄土宗にも共通する課題である。すなわち、仏教本来の目的であるこだわりを捨て中道を目指すためには、それが救いにつながることを納得できるだけの、何らかのプロセスないしはアクションが必要ではないかと思えるのだ。

それは釈迦のように徹底的に身体を痛めつけた結果として到達する悟りなのか、密教的な技法によって仏の世界に入り込むのか、坐禅を通じて自分の仏心に気づくのか、あるいは法華経の力を作動させることによってこの世を極楽にしてしまうのか、いずれにしても、〝何か〟をしているのである。そして、自分でできなければ、そうした技法を身につけた専門家である僧侶に依頼するのである。

言うまでもなく、浄土宗と真宗に共通の目的は、穢土に生きざるを得ず、自らは行動を起こせない凡夫に仏への道を示すことである。仏教が学僧にとっての研究対象であり、スポンサーである朝廷や貴族にとっての祈願の受け皿にすぎず、一般庶民の救いにはなっていなかったところへ、〝他力〟という概念を引っさげて革命を起こした法然と親鸞の功績はいささかも揺らぐものではない。

しかし、科学が進歩し、社会制度が整備され、さまざまな問題を解決する手段が整っている現代社会において、現世でどんなにひどい目に遭っても、「来世での極楽往生を阿弥陀仏に保障してもらえているから大丈夫」などと考えて納得している人がどれほどいるだろうか。また、「災難が降りかかったけれども阿弥陀仏を信じていたのでこの程度で済んでありがたい」などと〝不求自得〟を身につけている人がどれほどいるだろうか。

浄土教の教えをレクチャーされただけで、その論理を理解し、〝他力の境地〟に達することのできる人がいたとすれば、それはすでに人生の無常を悟っている〝生き仏〟だと思わざるを得ない。現代社会では、法然や親鸞が説く法こそが〝難行道〟ではないだろうか。(11)

禅宗における現世利益

禅宗は宋の時代に中国で広まり、それが日本に導入された。禅僧としては、中国に留学した栄西と道元が有名だが、鎌倉にある建長寺を開いた蘭渓道隆《らんけいどうりゅう》や円覚寺を開いた無学祖元《むがくそげん》など宋僧も数多く来日して布教に尽力した。

前節で述べたように、禅は自らの仏心を仏陀に認めてもらうための修行であり、寺や僧侶を必要としない。また、一般人には日常生活というものがあり、終日坐禅というわけにもいかない。よって禅宗を広めるためには、アプローチを変えていく必要がある。そこで取り入れられたのが祈禱と葬儀である。[12]

まず、臨済宗についてだが、中国から日本に持ち込んだ栄西が、禅を基本とするも比叡山で密教を学んでいたこともあり、地蔵信仰（蓄財や病気治癒等の利益をもたらす地蔵菩薩を信仰すること）には好意的だったと伝わる。[13]

また、栄西は時代を生き抜く政治力も持ち合わせていたようで、帰国後に比叡山から弾圧を受けると、鎌倉に移動して時の政権に取り入り、幕府の力を借りて京都に建仁寺を開くなど柔軟に対応できる僧だったようである。したがって、禅一辺倒ではなく、時代のニーズに合わせて祈禱を取り入れることができたのではないかと推察される。

こうして臨済禅は、武家社会を中心に広まったことから、祈禱についても、仏陀から与えられた功徳を国家安寧や疫病退散へ回し向けること（回向）を目的としていた。だが、明治維新とともに武家社会が終焉したことで、多くの寺院がスポンサーを失う結果にもつながったとされる。[14] そして現在も、臨済宗大本山として有名な京都の妙心寺の大般若祈禱会では、国家安寧を願う祈禱がなされている。

一方、曹洞宗では、今でこそ葬儀と祈禱は所属寺院の経営における二本柱となっているが、そこへの移行は簡単にはいかなかったようだ。その理由は、開祖・道元が〝只管打坐《しかんたざ》（雑念を捨てひたすら坐禅すること）〟による修行を宗教活動の基本としていたからである。どのような経緯で曹洞宗に祈禱が持ち込まれたかについて、駒澤大学の村上聖尚の研究を参考にしつつ考えてみよう。[15]

曹洞宗に変革をもたらしたのは、本山・永平寺の三世徹通義介《てつつうぎかい》とその弟子の瑩山紹瑾《けいざんじょうきん》とされている。徹通は宋に渡って密教を学んだあと、日本に戻ってから二世孤雲懐奘《こうんえじょう》のもとで永平寺の改革に乗り出した。その内容は、伽藍の整備と拡充ならびに密教思想の導入である。

まず、伽藍の整備は本山としての威厳を保つために欠かせないものだが、そのためには資金を集めなければならない。つまり寺のスポンサーが必要となるわけだ。徹通は福井の名家の生まれであり、統治者の波多野氏ともつながりがあったことから、同氏との共存共栄の関係を作って永平寺の繁栄を考えたと推察される。

また、波多野氏としても〝話のわかる〟徹通を利用して永平寺を世俗に近い寺院に変えていくことで、自らの権力基盤のひとつにしたいという思惑があっただろう。そうした背景から、一般大衆に受けがよい現世利益志向の祈禱を導入する必要性があったのだ。

ただ、こうした動きは道元の修法とあまりにかけ離れていたため、当然ながら反発をまねく。永平寺の跡目争いも相まって、寺の混乱は約半世紀にわたって続いたとされる。四世の瑩山の時代になると、争いも落ち着き、曹洞宗は本格的に布教活動に力を注ぎ始める。その様子を、中国文化大学の方献洲は「道元の後、曹洞宗には瑩山紹瑾が出て目を見張るような大きな飛躍をとげた。瑩山は密教を吸収し、兼修禅に対する妥協をし、諸宗との摩擦を解消したところにある。甚だしくは神祇祭祀と結合し、施主・庶民の現世利益に合わせようとした。紹瑾の門下には優秀な弟子が輩出し、その教えに対するお布施は全国各地から送られ、発展して一大教団となった」と述べている。(16)

また、東北大学の大村哲夫も「道元の後継者達は、出家修行者だけでなく在俗の外護者との関係を深めた結果、彼等の願いに応じて他力志向の「私的な祈禱」を増やし、密教系の祈禱方法を取込んでいった」と指摘し、さらに「長い歴史の中で、度重なる社会制度の変革があった。これらの激動の世を経て、現代なお多くの祈禱寺院が民衆の信仰を集めていることは、民衆の

コラム3

圓福寺にて

京都府と大阪府の境に位置する圓福寺は、臨済宗妙心寺派の修行道場である。普段は立ち入ることの許されないこの場所を、特別に訪問することができた。玄関で鉦《かね》を2度鳴らすと、「はーいー」という甲高い声とともに若い僧侶が現れ、座敷に通された。廊下はきれいに拭き清められ塵ひとつ落ちていない。ふと外を見ると、数人の修行僧（雲衲《うんのう》）たちが黙々と作務にいそしんでいる。

前著でも触れたが、臨済宗の修行はとても厳しい。2日間の〝庭詰《にわづめ》〟と三日間の〝旦過《たんが》詰《づめ》〟を経てようやく入門が許される。それは当然だろう。生半可な気持ちで門をたたいても、おそらく90日に及ぶ冬期の修行に耐えられないからだ。この圓福寺の江湖道場は、天明三（1783）年に臨済宗最初の専門道場として建立された。本尊は聖徳太子作と伝わる日本最古の達磨尊像で、特別な行事の時にのみ開帳されるという。

禅堂には、雲衲が坐禅で使用する座布団がコの字型に並べられ、修行期間中は畳1枚分のスペースで寝起きをする。中央には住職の禅師が坐し、その後方には本尊の達磨像が置かれる。凛とした禅堂の空気を感じつつ、雲衲たちの坐禅と公案のようすを想像するだけで、身の引き締まる思いがする。

私たちを案内してくれた雲衲は、この道場に入門して7年目で、年齢は28だという。その静かで落ち着いた佇まいは、私との30以上の年齢差をまったく感じさせず、むしろこちらの方が背筋を伸ばして話に聞き入ってしまう。

これは、臨済宗の僧侶の方にお目にかかったとき、常に身にしみる感覚だ。たとえば、夏季にお寺を訪問したとき、蚊が和尚の顔の周りをブンブン飛んでいても、一向に動じる気配がない。むしろ、われわれがそれを気にして手足を掻いたりしていると、「お、気がつかず失礼しました、いま線香をお持ちしましょうかな」といった具合なのだ。身の回りの些細なことに振り回されている我が身が恥ずかしく思えてくる。

圓福寺は、俗世間にどっぷり浸かった経済学者であることを、しばし忘れさせてくれる時間と空間であった。

禅宗寺院に寄せる強い現世利益願望の証左であるといえる」と述べている。[17] 曹洞宗が全国最大規模の寺院数を誇る理由はここにある。

日蓮宗で現世利益が肯定される背景

日蓮は、平安時代から鎌倉時代にかけて生まれた当時の新興仏教の流れの中で、最後を飾った人物である。それだけに、従来の仏教宗派やそのバックにいる政権に対する攻撃は激しいものがあった。日蓮は延暦寺で仏教経典を学ぶなかで、『法華経』が最も優れたものとの結論に達し、題目〝南無妙法蓮華経〟を唱えれば、法華経の力によってこの世が仏国土（仏の住む地）になるという趣旨の日蓮宗を立教した。日蓮32歳のときである。(18)

その頃、鎌倉で布教のための庵を構えていた日蓮は、当地で震災や疫病の流行を経験したことをきっかけに、『立正安国論』を著して時の執権・北条時頼に進言したとされる。その内容は、世の中が悲惨な状況であるにもかかわらず仏が霊験を示さないのは、『法華経』を軽んじているからだとするもので、そこでやり玉に挙がっているのが法然の専修念仏である。すなわち、念仏が流行して念仏堂以外の寺が荒廃したため、正しい教えが広まらない状況をまねいているとしたうえで、「これらひとえに法然の『選択本願念仏集』のせい」だと述べている。

こうしてみると、浄土宗と日蓮宗の決定的な違いは、現世と来世どちらを重視するかという点に尽きることがわかる。現世があまりに悲惨なので来世での浄土往生を目指そうという前者に対し、来世の素晴らしさを説くよりも、まず現世を極楽に変えようではないかという後者の対立である。したがって、"永遠かつ究極の釈迦の教え"とも称される『法華経』の神秘性を活用して現世利益の実現を目指すことは、日蓮宗の教義と照らしてきわめて理に適っている作法と言える。

現在では、日蓮宗は真言宗と並んで加持祈禱を積極的に行う宗派として知られている。現在の祈禱法は、江戸時代を通じてほぼ確立されたと伝わる。それは庶民信仰との合体によるもので、本地垂迹説に基づいた神祇《じんぎ》勧請《かんじょう》を通じて庶民を寺に呼び寄せる形をとったとされる。[19]具体的には、帝釈天や鬼子母神などの神を祀り、その前で僧侶が経本を首から提げ、木でできた剣を打ち鳴らすという木剣修法によって、信者の厄払いや心願成就のための祈禱を行うというものだ。

ただ、他の宗派と異なるのは、日蓮宗の祈禱には僧侶の資格だけでなく、修法師としての資格が必要とされている点だ。修法師になるためには、同宗の遠壽院流祈禱修法の相伝所で真冬の100日間に及ぶ荒行を修了する必要がある。[20]また、この荒行を複数回修了すれば、祈禱の対象範囲が拡大するという恩典もある。

これは、先に述べた〝三力〟のうちの〝自力〟に相当する部分であるが、在家の信者はとてもこのようなハードな修行は無理なので、僧侶が身代わりとして引き受け、その達成を以て祈禱のご利益に対する信者の信頼度を高めていると考えられる。

4　葬式仏教を考える

私たち日本人が仏教やお寺の役割は何かと聞かれれば、10人中9人は葬式を執り行うことと答えるだろう。そのくらい日本仏教は葬式と結びついている。なぜそのような形になったかについては、圭室諦成の名著『葬式仏教』に詳しく述べられている。本節では、同書の内容を紹介しつつ、その中から〝祈り〟に該当する部分を抽出して、儀式の意味について考えてみることにしたい。

葬式仏教の成り立ち

仏教が始まった経緯を考えてみれば、それが葬式を目的としたものでないことは明白である。そもそも〝死〟とどう向き合うかは、宗教が形作られるはるか昔から、おそらく人類が誕生したときから避けて通れない永遠のテーマだろう。したがって、日本においても、仏教伝来以前から、死を受け入れ、死者を見送ることを目的とした民俗信仰が存在したと考えられる。その証拠として、その頃の風習は現在でも根強く残っている。たとえば、死者に旅立ちの服装をさせる、亡くなった日の夜は近親者がその傍らで寝る、墓地に行くときはあえて迂回する、戻ったら塩をまく、などだ。

圭室によれば、インド仏教での葬儀は簡略なものであったが、中国仏教が儒教葬祭と結びついて以降、四十九日や一周忌など仏事としての形を整えるようになったとされている。日本において仏教が葬儀に関わるようになったのは、鎮護国家の役割を担うようになった大和朝廷の時代からで、僧侶、貴族、天皇といった特権階級の人々が亡くなったときの儀式を担っていたという。

このような仏式の葬儀を一般庶民にもわかる形に仕上げ、現代まで続く強固な慣習にまで昇華させたのは、平安時代の天台宗僧侶・源信の貢献をおいてほかにないだろう。源信が西暦985年に著した『往生要集』は、〝仏教版葬祭マニュアル〟ともいうべきものである。

源信が行ったのは、仏教の膨大な経典の中から、浄土すなわち〝あの世〟と関わる部分を抜き出して整理したことである。[21] 内容としては、死後、仏になれなかった人間が彷徨《さまよ》う6種類の世界（厭離穢土）と、仏が住む極楽浄土の世界（欣求浄土）を詳しく説明し、浄土に生まれ変わるための作法と修行について解説している。

その発想の原点は、中国で仏教と道教が混ざり合って生まれた〝十王信仰〟にある。その内容は、ほぼすべての人間が死後〝中有《ちゅうう》（中陰）〟と呼ばれる地点に留め置かれ、そこで10人の王の手によって六道（天上・人間・修羅・畜生・餓鬼・地獄）のどこに転生するか裁かれると

表2.1　十仏事

初七日	十四日	二十一日	二十八日	三十五日
秦広王	初江王	宋帝王	五官王	閻魔王
行い全般に関する調書作成	殺生や盗みをしたか	不適切な性行為をしたか	詐欺や酒乱などを犯したか	審査をもとに転生先を決定
四十二日	**四十九日**	**百箇日**	**一周忌**	**三年忌**
変成王	泰山王	平等王	都市王	五道転輪王
転生先の内容の決定	転生先での性別の決定	追加の審判		

いうものだ。具体的には、表2・1のように、死者は没後、七日ごとに四十九日までの7回と、百箇日、一周忌そして三年忌を加えた計10回の裁きを受ける。これは現在でも十仏事として知られている。[22]

そうした背景もあって、『往生要集』では地獄の描写がことさら詳しい。たとえば、殺生の罪を犯した者が落ちる「等活地獄」では、500年にわたり極熱の苦い糞を食わされ、灼熱の鉄の雨に打たれ、瓶の中で煎りあげられ、縄で縛られ、熱風に灼かれる。こうしたおぞましい拷問の数々が8種類の地獄の姿として具体的に描かれている。

源信は、地獄に行くのを避けたければ、臨終のおりに観相念仏（精神を集中させ阿弥陀仏をよく観察すること）を行い、周囲の者も念仏をして旅立つ人の罪を清める必要があると説いた。「地獄に行きたくなければ念仏をせよ」という単純明快な論理は、のちに法然や親鸞が説いた専修念仏の考えとその広がりに、決定的な影響を与えたことは間違いない。

この内容が日本人に強いインパクトを与えた理由として、インド哲学者の中村元は、もともと日本の神話には〝黄泉《よみ》の国〟なる死者たちの世界が描かれており、日本人にとって死後の世界がなじみのある存在であったことから、地獄の描写が真に迫るものとして受け取られたのではないかと説明している。実際、源信の描いた地獄のようすは、のちに地獄変相という絵画になって大衆に広く知られるようになった。

さらに日本では、十王信仰に加え、七年忌、十三年忌、十七年忌、二十五年忌、三十三年忌までの十五仏事に拡張され、僧侶の仕事は大幅に増えていく。こうして〝葬式仏教〟の骨格はできあがった。現在では、ほぼすべての仏教宗派がこの慣習に倣い、檀信徒たちに向けて儀式を執り行っている。

葬式仏教はどのように広まったか

1節で述べたように、科学が進歩すれば宗教の役割が限定されていくのは避けられない。だが、科学がいまだに解明できない人間にとっての最大の関心事は〝死〟である。死に至るときの感覚や死後の世界については、古代から現代までエビデンスはなく、科学的な解明が進んでいるとは言いがたい。死を受け入れるためには、自ら何らかの仮説を立てるか、あるいは誰かの立てた仮説に頼るかして自分を納得させるしかない。

宗教学者の町田宗鳳は、世が乱れ末法思想が吹き荒れた平安末期において、「拡大する死の恐怖と正比例の関係にあったのが、民衆の神仏への依存心であったことを思えば、〔……〕地獄の観念は、そういう意味で民衆の心を手中におさめるためには、寺社側にとって最も効果的な方法であった」とし、これは「飢饉、戦争、疫病などで、社会不安が高まった中世ヨーロッパで、終末論をかかげながら、〔……〕腐乱する屍や髑髏を描いた木版画を持ち歩いたのは〔……〕托鉢修道士たちだった」ことや「ペストによる死亡が増えると、〔……〕キリスト教徒として天国に行く方法が書かれた〔……〕死のマニュアル〔……〕が大量に出回った」こととときわめて似ていると述べている。(23)

要するに、誤解を恐れずに言うなら、人間の死は宗教にとっての〝商売道具〟であり、仏教とて例外ではないということなのである。特に、産業が未成熟の時代にあっては、僧侶は呪術師、医師、そして大学教授を兼務する絶対的な存在でもあり、そうした権威者が『往生要集』のような書を著して、地獄の恐ろしさを大々的に宣伝すれば、何も知らない大衆は震え上がるだろう。宗教を広める戦略としてこれほど効果的なものはない。

源信は天台宗の僧侶だったが、地獄行きを避けるために念仏を推奨したことから、民衆向けの葬式仏教はとりわけ専修念仏を標榜する浄土宗において広まった。圭室によれば、鎌倉時代

図2.3　禅宗二宗における葬祭ウェイトの変化

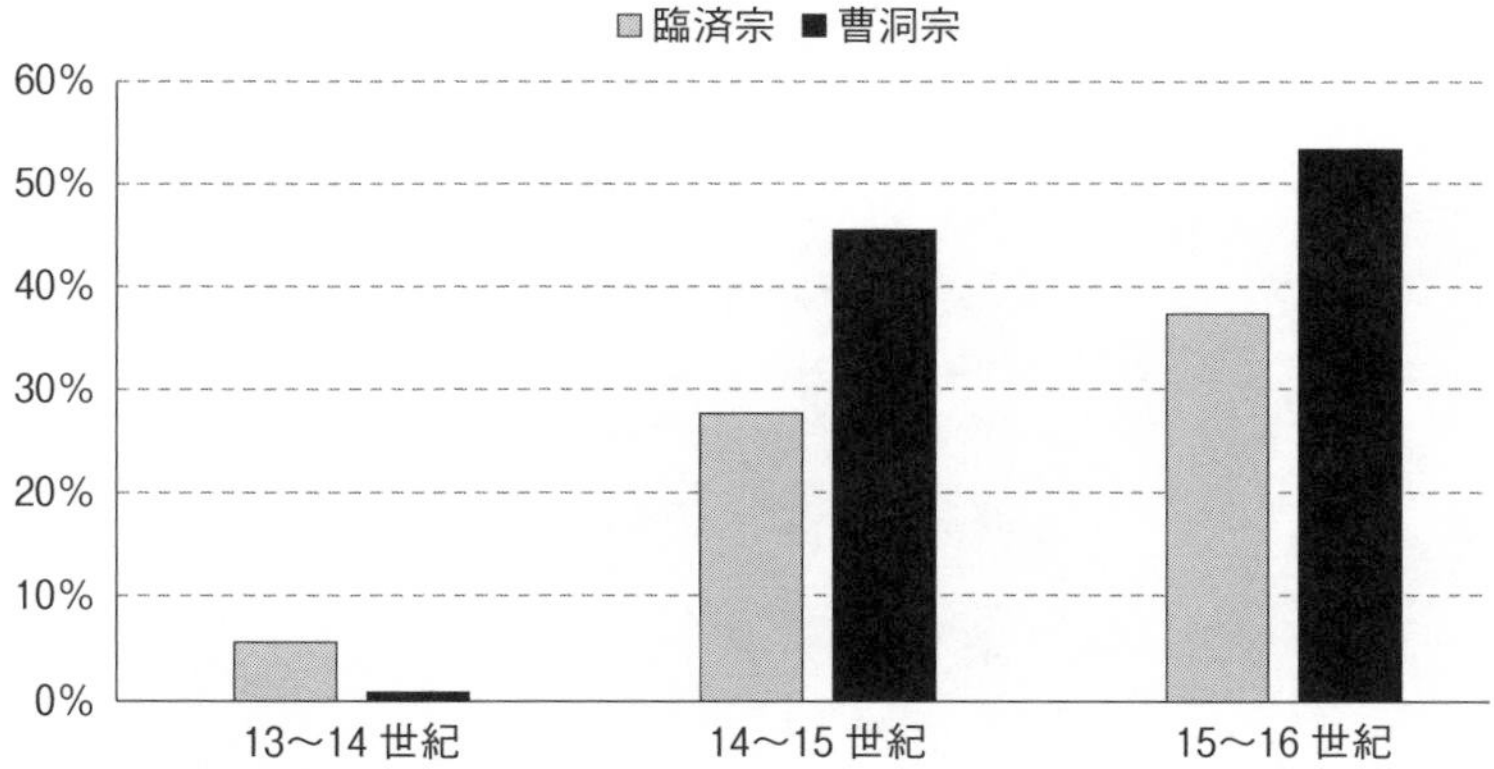

出所：圭室諦成『葬式仏教』をもとに筆者作成

には浄土宗のなかに葬儀を司る〝御坊〟と称する僧侶がいて、彼らが地方に散らばって仏式葬儀を広めていったとされる。「中世前期において、庶民の葬祭は、浄土宗の手中にあった」（圭室前掲書119ページ）ということである。

このように〝葬祭市場〟が浄土宗の独占状態になるのを、他の宗派としても黙って見過ごすわけにはいかない。なにしろ、仏教信徒を増やすには、葬儀と関わっていくことが最善の戦略だからである。圭室はそれを最も積極的に行ったのが禅宗だと指摘する。その根拠として挙げられているのは、臨済宗ならびに曹洞宗の語録における葬祭関係ページ数の時系列推移である。

図2・3が示すように、13世紀から16世紀にかけて、葬祭関係のウェイトが劇的に増加している。また、葬祭の手法についても、念誦回《ねんじゅえ》向《こう》

（死者の成仏のために仏の名などを声に出すこと）を行うなど、〝祈り〟の要素がすでに取り入れられたと圭室は指摘する。

ただ、図にあるように、この傾向は曹洞宗の方により強く出ている。その理由は、臨済宗が鎌倉や京都を中心とする武家社会に食い込んでいったのに対し、曹洞宗は地方を中心に一般庶民を対象として布教したためといわれている。その証拠に、寺院数は曹洞宗の方が圧倒的に多く、その立地も地方の農村部に多く見られる。

ここで特徴的なのは、浄土宗から派生した浄土真宗における葬儀の扱いである。それに関して、圭室（前掲書）は興味深い逸話を紹介している。葬儀に呼ばれた真宗の僧侶が、死者に手向けるお膳（お供え膳）の用意を拒否したというのである。その理由は、「阿弥陀様にお供えをすれば、それが一般信者への施しになっている」ためということだった。それを聞いた喪主は、上人以外の僧侶たちにはお膳を用意しなかったという。理由を問われると、「上人さまが食されればそれに従う坊主たちは腹一杯のはず」と答えたという。

真宗でこうした対応になる理由は明白である。なぜなら、すべてを阿弥陀仏にお任せする〝絶対他力〟の真宗にあっては、阿弥陀仏を信じた時点で、何もせずとも〝救われている〟からである。つまり、すでに浄土での往生が約束されているわけだから、死者のためにあえて何か施しをする必要もない。

この考えを突き詰めれば、そもそも十王信仰に基づく呪術的な葬儀すら無用のはずである。無用どころか、むしろそうした行為は阿弥陀仏の本願を信用していないことになってしまうだろう。実際、親鸞は自身の臨終に際して、「私が死んだら〔葬儀はせず〕亡骸を賀茂川へ捨てて魚に与えよ」と周囲に話したと伝わっている(24)。

浄土宗も、基本的に真宗と同じ発想のもとに成り立っている宗派であることに思いを致せば、これら浄土教系二宗の寺院がもっぱら仏事で生計を立てていることを祖師が知ったらどう思うか知りたくもなる。

葬式仏教における祈り

葬式は人間が亡くなった後、残された人たちの手で執り行われる儀式である。したがって、そこに祈りがあるとするならば、残された人たちが葬式を通じて何について祈り、どのようなご利益を期待しているかが重要となる。

改めて先に紹介した〝十王信仰〟の内容を確認してみよう。49日間に7人の王から殺生、盗み、邪淫、煩悩などの項目について審判を受け、極楽に行かれるかどうかが決まる。決まらないとさらに3人の王から百箇日目、一周忌、三年忌の審判を受け、そこでもダメだと地獄行きである。人間ならば誰しも、軽重あれど、何らかの罪を犯した経験があるだろう。したがって、ほとんどの人が地獄行きになりそうだ。ただ、そこにひとつの救いがある。それは〝追善供養〟である。

〝追善〟とは、現世の人間が死者のために善行を施し、死者の罪を軽減する行為のことであり、〝供養〟とはお供えなどをして、極楽に行かれるよう祈ることである。そして、審判をする〝十王〟にはそれぞれ不動明王、釈迦如来、地蔵菩薩などの本地（該当する仏や菩薩）があることから、これらの仏の前で死者のために祈ればよい。

先に取り上げた『往生要集』の内容と照らし合わせれば、追善供養の発想に基づく仏事が、浄土宗ならびに浄土真宗において真っ先に導入されたことは当然だろう。また、他の宗派でも、それに倣って宗教活動の庶民化を推し進めていったことも納得がいく。なぜなら、ビジネスの世界を考えれば当たり前の行動だからだ。どこかの企業が新しいサービスを始め、それがヒットすれば、他も真似して市場に参入するのは世の習いである。

ただ、ここでひとつ合点がいかないところがある。浄土宗や真宗では、生前に念仏を唱えさえすれば阿弥陀仏の本願がアクティベートされ、どんな凡夫でも中有の厳しい裁きを受けることなく極楽浄土で往生できるはずだった。つまり、もとから追善などする必要はないのである。

実際、法然は『遺誡文』にて「自分が亡くなっても追善をせずにひたすら念仏に励め」と言っているし、また、親鸞『歎異抄』には「父母が亡くなっても、阿弥陀仏が浄土での往生を保障してくれているのだから、わざわざ追善する必要はない」と書かれている。にもかかわらず、浄土宗も真宗も、追善供養を当たり前のように行っている。

この矛盾について、圭室（前掲書）は、真宗僧侶の存覚や蓮如の言説をもとに、追善は「浅はかな庶民を信徒として引き入れるための方便」であり、生前の念仏で十分だが「現世の人に祈ってもらえればダメ押しになる」との説明を紹介している。圭室はこれを「苦しい解答」と評している。

見えてくる日本仏教の課題

本章では、仏教の歴史を振り返りながら、そこでの〝祈り〟に相当する部分にスポットを当てて、その意味について考察してきた。そこには2つの大きな課題が見えてくる。

ひとつは、釈迦の原始仏教には、そもそも祈りは存在しなかったということである。出家者自らが厳しい修行なり瞑想なりさまざまな工夫を凝らし、最終的にこだわりを捨てることによって得られる悟りの存在を知ることが、仏教の目的であった。

しかし、それでは仏教は出家者だけのものとなってしまって広まらない。外部からは、なにやら不思議な集団が、経済活動もせずに瞑想しているように見えてしまうだろう。そこで出家者以外の一般人（衆生）も対象に、救いの道を探ろうということになって、大乗仏教の発想が

コラム4

沖縄の仏教事情

『お寺の経済学』での取材以来、18年ぶりに沖縄の寺を訪ねた。懐かしい再会を果たすことができ、ご住職から前と比べて変わった点を伺うことができた。

ひとつ目は、僧侶と寺が増えているという事実である。近年、本土の寺の次男や三男が、仕事を求めて沖縄に移住してくるようになったそうだ。沖縄にそれほど葬儀の需要があるのかと疑問に思うだろうが、それには、沖縄独特の事情、すなわち檀家制度がないことが影響しているという。沖縄は江戸時代に薩摩藩の支配下にあり、しかもその間、仏教が弾圧されたため、本土のような寺と住民の間での墓を媒介にした長期契約が存在しない。したがって、住民は親族が亡くなると、まず葬儀社に連絡をする。そして、僧侶は葬儀社から依頼を受けて葬儀に臨むのだ。つまり、沖縄の僧侶の多くは、葬儀社の下請けなのである。そのため、お寺に所属せずアパートやマンションに暮らす〝アパマン僧〟が相当数いるという。宗派を問わない真の競争市場のため、布施の額も当然低いものとなる。

2つ目は、沖縄の墓事情の変化である。沖縄の伝統的な墓は、一族（門中）の遺骨を納めるサイズの大きな亀甲墓《きっこうばか》である。門中は先祖を同じくする父系の血縁集団のことで、シーミーなどの祭事も門中単位で行われることが多い。ところが、沖縄にも本土同様に少子化の波が押し寄せてきていて、出生率も2を下回った状態が30年以上続いている。そうなると、男子が生まれない家庭では、門中墓の維持が難しくなってくる。また、門中墓はサイズが大きいため、不動産開発をする際に簡単に墓の移動ができず、苦労することも多いそうだ。持ち主がわからなければそのまま放置された状態になってしまう。

そして、3つ目は民俗信仰の後退である。沖縄は古くからユタ信仰が盛んで、〝医者半分、ユタ半分〟ということばもあるように、葬儀はもちろんのこと、さまざまな祭事や親族の意思決定の際にユタが関わってきたことは広く知られている。ユタはいわゆる霊媒師であり、祖先のお告げを伝えたり、何か不幸が起きたとき、沖縄各地の霊場（いわゆるパワースポット）に対象者を連れて行って厄難消除をする役割を担ってきた。

この慣習は、年配者のいる家族には残っているものの、若い世代を中心に〝ユタ離れ〟が進行しているという。また、ユタにも〝本物〟と〝偽者〟がいるとされ、なかには意図的に依頼者を連れ回し、高額な請求をする者もいて、ユタへの依存が高じて財産を失ったケースもあったという。そして、ユタにはある種の精神疾患があるという研究もあり、最近では琉球大学医学部の精神科で両者の関連性についての研究もなされているそうだ。

このように沖縄も徐々に〝本土化〟が進みつつある。これを正常化とみる向きもあるが、いわゆる〝沖縄らしさ〟が失われていく寂しさもある。

生まれた。

その救いの対象となる衆生といえば、日々の生活で忙しく、自分では悟りを開く時間がない。そこで誰かにその役割を担ってもらい、その恩恵にあずかるしかない。そのためには、頼るべき何らかの〝神秘性〟が必要になり、仏陀や経典などがその役割を担ったと考えられる。

ところが、煩悩まみれの衆生は、次第にそうした神秘性を現世の願いを叶えるために使いたがるようになる。実際、仏教伝来より前から、現世利益を目的とした民俗信仰は存在していたわけだから、その方向自体は不自然でも何でもない。他方、宗教産業における事業者となった仏教教団は、組織として社会で生き残るため、衆生のニーズに応えるべく現世利益を売り物にしていかざるを得ない。こうして仏教の本来的な教えなどどこかへ吹き飛び、やっていることは神社と大差ないものになる。

もうひとつの課題は、こちらも仏教本来の教えとは縁がないはずの葬式との関わりである。未知の世界である〝死〟を恐れる人間の心理につけ込み、偽経の疑いもある中国の『十王経』

や、地獄を詳細に描写した『往生要集』を世間に広め、古代から民俗信仰が担ってきた〝死のマーケット〟に食い込んでいったのである。

これは私たちが幼い頃によく聞いた、「悪いことをすると地獄に落ちるよ」とか「嘘をつくと舌を抜かれるよ」とどこが違うのだろうか。それが年端もいかぬ子どもの躾のため、というならまだ納得もできようが、追善供養などというもっともらしい仏教用語に置き換えられ、寺の主力事業となっているのである。

宗教には何らかの神秘性があり、それに頼った祈りというニーズが生まれることは否定できない。また、仏教界があえてそうしたニーズを拒絶する必要もないだろう。ここで重要なことは、教団からのしっかりとした〝説明〟である。釈迦の教えや祖師の言説と食い違うことをやっていても、〝方便〟という都合のよい表現を駆使して逃げている。この状態を続けていけば、文化財としての仏像や伽藍を残し、仏教は日本から消えてなくなるだろう。

ではどうすればよいのだろうか。この問題については、最終章で改めて論じることとしたい。

注

(1)「宗教的な熱狂がすでに頂上をとおりすぎ、神の国を求める激情がしだいに醒めた職業道徳へと解体しはじめ、宗教的根幹が徐々に生命力を失って功利的現世主義がこれに代わるようになったとき」「〔プロテスタンティズムの倫理は〕安楽な市民生活のための一つの手段とされてしまうほかはなかった」（ヴェーバー『プロテスタンティズムの倫理と資本主義の精神』355―356ページ)。

(2) ひろさちや『仏教早わかり百科』38ページ。

(3) 「宗教の伝道者のなかには信者の自発的な布施に頼って生計を立てるものと国家からの資金に依存するものがいるが、その頑張りや熱心さに関しては圧倒的に前者の方が強い。伝統的な宗教における聖職者たちは既得権益のうえにあぐらをかき、人々の信仰心を深めようという努力をしない。そこが常に新興宗教の狙い目となるのである」(Smith, A., *Wealth of Nations* より筆者訳出)。

(4) 日本に帰国後、最澄が空海に密教の経典のひとつとされる『理趣経』の注釈書を借り受けたいと申し出た際、空海はそれを断っている。その理由は、最澄の目的が密教を深めるというよりも、天台宗の中身を充実させることだと空海が気づいたからとされる。

(5) 司馬遼太郎『空海の風景』(上)109ページ。

(6) 実際、鎌倉時代の僧侶である明恵は、『摧邪輪《ざいじゃりん》』において、他力の考えは信者が悟りを得ようと思う意思(菩提心)を否定するものであって、菩提心の存在を前提としない法然の教えはもはや仏教とはいえないと批判している。

(7) 町田宗鳳は、「専修念仏の反社会性」と題して、「旧来の宗教的伝統の権威そのものを否定するだけでなく、古代社会の秩序の根幹にあった身分制さえないがしろにするような法然の言説は、単なる教義論争の中で解決できるような性格のものではなく、権力を維持しようとする者の眼には、反社会的な組織運動としか映らなかった」と述べている(町田『法然対明恵』152ページ)。

(8) 不求自得の現代的な解釈としては、「あたかも、東京〔浄土〕に至り着くために京都から新幹線に乗車するならば、その途中〔現世〕において求めずして琵琶湖や浜名湖、富士山や熱海の海岸を車窓の外に望見し得るのと同様である」あるいは「病気の治療をうけるのは、自分の世俗的な欲望をみたすための肉体的生命の延命長寿でなく、往生浄土という宗教的生命を獲得するために〔……〕整った身体になることが目的でなければならない」(藤堂恭俊「念仏の利益」)という感じになる。

(9) 高橋昌彦「法洲述『講説大意』にみられる祈禱念仏批判について」を参照。

(10) 「どこまでも現世利益は二次的・副次的なものであって、わが命終後の浄土往生こそ第一義に措定すべきことなのである」（林田康順「法然上人における〈祈り〉について」）。

(11) 入井善樹はこうした伝統教学の考え方に異議を唱える数少ない真宗の僧侶である。入井は、親鸞が『現世利益和讃』を著したのはあくまで目の前の民衆を念仏によって救う現世利益を想定したものであって、心の持ちようによって知らないうちに救われているといった高度な信仰心を求めているわけではないと主張する。そして、はじめからそのような難しい解釈を要求していては信者は獲得できず、真宗は広がりを欠いていくと述べている。入井『ゆがめられた親鸞教学』ならびに『親鸞念仏の可能性』を参照。

(12) 竹中智泰「禅宗における祈祷の歴史」などに説明がある。

(13) 清水邦彦「中世臨済宗の地蔵信仰」。

(14) 臨済宗の大本山である妙心寺の境内を歩くと多くの塔頭《たっちゅう》寺院を目にすることができる。塔頭とは、主として禅宗において寺のスポンサーの寄付によって境内に建立された小規模寺院のことで、〇〇院などという名称が付されることが多い。葬儀の際に戒名料を多く納めた故人に〝院号〟を与えるのはその名残とされる。妙心寺の話では、明治以降、大名や武家などのスポンサーが減ったことにより、塔頭の数も大幅に減少したとのことである。

(15) 村上聖尚「永平寺三代相論について」。

(16) 方献洲「日本における仏教文化の展開と受容について」。

(17) 大村哲夫「仏に代わって祈りを聞くカミガミ」。

(18) 大乗仏教の教えを説く『般若経』では、すべての人間が仏になれるとしたうえで、2つの例外を規定した。それらは声聞乗（釈迦の教えに従い、阿羅漢を目指して修行に励む出家者の道）と独覚乗（ひとりで修行しひとりで悟りを得てひとりで涅槃に入っていく道）であり、成仏を出家者のみに限定した小乗仏教への批判である。『般若経』は第3の道として、菩薩乗（自らを菩薩と認識し、日常の善行を積むことによって仏を目指す道）を提唱し、これこそが最も優れた道（大乗仏教）だとみなした。こうした対立構造を解決したのが『法華経』である。その発想は『般若経』のような区別をせず、3つすべての道とも仏に通じるという「一仏乗」の考え方である。

(19) 神祇勧請とは、神々の来臨を請い祈ることである。

(20) 日蓮宗の荒行は、永仁元（1293）年から翌年にかけて、日像上人が鎌倉で修行中に行った荒行が嚆矢とされる。これは「世界三大荒行」のひとつと数えられており、その内容は、「起床は午前2時半。水行は3時、6時、9時、12時、15時、18時、23時と行われる。食事は朝5時半と夕方5時半の2回のみ。これ以外は全ての時間を膨大な量の法華経を、1日何百巻も読経し、撰法華経を写経し、相伝書の書写行も行う」（同宗本光寺ホームページより）とのことである。詳しくは、田中日常『日蓮宗行法の研究』を参照。

(21) 中村元は、『往生要集を読む』において『往生要集』の内容と原典を照らし合わせ、源信の〝創作〟にあたる部分を詳細に検討している。

(22) ただし、この信仰の根拠とされている『十王経』は中国で作成された偽経だとされており、それが日本では『地蔵十王経』として流布した。よくも現代までこうした似非《えせ》仏説が辛抱強く生き残ってきたことかと驚かされる。

(23) 町田宗鳳『法然』。

(24) 浄土真宗の寺院の中には、十仏事まではするが、その後の七年忌以降は執り行わないところもあるという。

第3章　お寺のガバナンス

本章では、お寺という組織を維持し、発展させていくために、必須となるガバナンスについて扱う。このテーマを取り上げる理由は、お寺に代表される宗教法人は、所有者のいない非営利組織であり、そのガバナンスがきわめて難しいからである。祈りや葬祭の儀式は、教義に基づく宗教活動であり、それが教団の結束の源となっている。したがって、この両者のつながりが曖昧になると、ガバナンスが弱体化し、組織の維持は難しくなる。

近年の過疎化と都市化という流れが、ただでさえ難しいお寺のガバナンスをより困難なものにしている。本章では、それが原因となって起きている不活動宗教法人の問題などを取り上げるとともに、ガバナンス不全の解決へ向けての私案を提示することとしたい。

1 非営利組織のガバナンス

本節では、はじめにH・ハンズマンによる組織のオーナーシップ理論を用いて、非営利組織が生まれる背景について説明する。(1) 次に、E・グレーザーのガバナンス理論をもとに、非営利組織のガバナンスが難しい理由について述べる。そのうえで、仏教教団の組織構造をガバナンス理論に当てはめ、その問題性について検討する。

所有者のいない組織

市場経済は私有財産制を原則としている。なぜなら、市場取引は貨幣を媒介とした財と財の交換であり、そこでは所有権を明確にしておく必要があるからである。簡単にいえば、誰の持ち物でもないものは勝手に処分できないということだ。

これは組織とて例外ではない。たとえば、株式会社について考えてみよう。株式会社の経営者は組織を運営し、利益を挙げることをミッションとするが、必ずしも会社の所有者ではない。つまりその会社を誰かに売ることはできない。組織の所有者は株主であり、株式が公開されていれば、市場で株を売り、所有権を手放すことができる。そして、過半数の株式を取得すれば、会社の実質的な所有者として自分の望む人物を経営者に指名することができる。要するに、株式市場は会社の所有権を売買する場所なのである。企業買収は所有権を獲得する行為といえる。

ところが、私たちの社会には所有者のいない組織が数多くある。学校、病院、福祉施設などはその典型である。こうした組織には、ほぼ例外なく〝理事長〟という肩書きを持つ人がいるが、この人たちは所有者ではないので、組織の財産を勝手に処分することはできない。そして、宗教法人もこれらと同様に所有者のいない組織である。たとえば、寺の住職は〝代表役員〟であって所有者ではない。したがって、その財産を他者に売って得たカネを懐に入れることはできない。こうした所有者のいない組織のことを〝非営利組織〟と呼ぶ。

では、こうした組織にはなぜ所有者がいないのだろうか。H・ハンズマンのオーナーシップ理論に基づいて、その理由を説明しよう。ハンズマンはどのような組織にも、複数の利害関係者が存在することを前提としたうえで、そのなかで最も契約コストの高い関係者に所有権を与えるのが合理的だとする。

たとえば、営利事業を行う民間の会社を考えよう。その利害関係者のうち、取引業者、銀行、従業員は、それぞれ、取引、融資、雇用に関する契約を結ぶことによって組織との関わり方が明確化される。すなわち、決済日、利率、給与などが事前に決められ、約束どおり支払いを行わなければならない。しかし、出資者である株主の場合は、会社の利益の一部を配当として受け取るわけなので、組織との取引内容を決めておくことは難しい。なぜなら、利益がどのくらい出るかは事前にわからず、ときに赤字になることもあるからだ。また、利益をすべて配当に回すことは必ずしも得策ではなく、内部留保にしておくことが望ましいケースもあるだろう。

ハンズマンは、契約コストの最も高い出資者に会社の所有権を与え、その代わりに、さまざまな関係者への支払いをすべて完了したあと、残余利益を受け取る権利を与えるのが合理的だと考えた。なぜなら、残余利益を受け取る人こそが、組織を効率よく運営し、価値を高めるインセンティブを持つはずだからである。

学校のほとんどは、学校法人という組織形態になっていて、株式会社ではない。なぜ株主のような所有者を作らないのだろうか。その理由としてハンズマンは、学校において最も契約コストが高いのは出資者ではなく学生だからだと説明する。学生ないし保護者は、学校にさまざまなことを期待している。ある人は進学や就職など、次のステップに進むための準備をする場所と考えているかもしれないし、別の人は、スポーツなどの部活動に力を入れたいと考えているかもしれない。なかには、卒業後も付き合える友人をたくさん作りたい、と思っている人もいるだろう。要するにニーズが多様なのである。

そのような学校にあって、残余利益を受け取る株主がいたら学生や保護者はどう思うだろうか。配分できるほどの利益があるなら、もっと設備を整え、教員を増やし、学校生活をより充実したものにするために使ってほしいと思うだろう。これは、契約コストが高いことを意味しているのである。

だからといって、契約コストの高い学生や保護者に所有権を与えたらどうなるだろうか。おそらく、各人の法人に対する要求がバラバラで、会議を開いてもまとまらないだろう。ハンズマンはこのことを〝オーナーシップコストが高い〟と称している。契約コストが最も高い関係者のオーナーシップコストも高いとき、その組織は所有者のいない非営利組織になる、というのがハンズマンの理論の骨子である。

宗教団体も同様のことが当てはまる。教団のなかで最も取引コストが高いのは信者である。その原因は、信者と教団の間の情報の非対称性にある。第1章で述べたように、信者は宗教の教義についての専門知識に乏しいことから、教団サイドから宗教活動の内容を提示されると、その理由を深く考えることなく信じ込む可能性が高い。そして、教団の指示どおりに活動することが〝信仰〟なのだと言われれば、それに従うしかないだろう。なぜなら、教団の指示に疑問を持つことイコール信仰心の欠如、とみなされかねないからだ。

教団サイドが活動内容の信頼性を高めるためには、組織内に残余利益を受け取る関係者がいてはならない。そのような者がいれば、信者は「儲けを増やすために自分たちを利用しようとしているのではないか」と宗教活動の正当性を疑うだろう。そして、「残余利益があるならそれを配分せず自分たちの信仰を深めるために使うべきだ」と思うに違いない。

だからといって、信者たちに所有権を与えることも難しい。信者のニーズはさまざまで、ひとつにまとめて組織としての方向性を決めることはできないからだ。こうして宗教団体は所有者のいない非営利組織となり、宗教法人という法人格のもとで運営されることとなるのである。

非営利組織のガバナンスの難しさ

ガバナンスの目的は、さまざまな主体が関わる組織において、その価値が毀損されないようチェックすることである。(2)

私たちが自分の持ち物を大切に扱うのは、それらに対する所有権を持っているからである。逆に言えば、誰のものでもないものは大切に扱われない。たとえば、所有者のいるプライベートビーチは価値を維持するために、有料化のうえで美化につとめるが、所有者のいない公共の海水浴場は、だれでも無料で使うことができることから、砂浜に大量のゴミが放置され、それらをシーズン終了後に、海の家の管理者やボランティアなどが拾うことになる。一般に〝公衆〟と名の付くものは、特定の所有者がおらずこうした事態に陥りやすい。これを経済学では〝共有地の悲劇〟という。

同じことが組織にも当てはまる。株式会社のように所有者のいる組織では、株主が組織の価値が下がらないよう、有能な取締役を株主総会で選出し経営を任せる。そこで、もし経営に失敗すれば、取締役は交代させられる。それでも改善が見られなければ、所有者が会社を見放して株を売るため株価は下がる。そして、安価になった株を購入した新しい株主が次の経営者を決めることになる。株式会社はこうしたガバナンスの機能が働くように設計された組織なのである。

では、非営利組織の場合はどうなるのだろうか。グレーザーは、組織と関わる関係者の相対的な力関係によって組織の方向性が決まると説明している。[3] たとえば、政府からの補助金に頼って運営される独立行政法人では、ときの政権が実行する政策の方向性によって組織の目的が決まる。また、会員の会費によって運営される社団法人では、会員の意向が重視される。そして、従業員に特殊技能が求められる医療法人や学校法人などでは、医師や教師によって提供するサービスの内容が決められる。

宗教法人の場合は、憲法20条【信教の自由】に基づくならば、信者の信仰心が組織の方向性を決めることになるはずである。ところが、信者は、宗教の教義について必ずしも専門的な知識を持ち合わせているとは限らない。そうだとすると、宗教法人の運営に関しては、僧侶などの聖職者が必然的に力を持つことになる。

ただ、非営利組織では、いかに力のある関係者であっても所有権を有しているわけではないため、組織の財産を意のままにできるわけではない。その点が十分留意されていない組織では、ガバナンスの崩壊が起こる。

たとえば、学校法人ならば、特定の納入業者と結託した理事らが、学生に高い教材を売りつけ、その見返りとして多額のリベートを受け取るといった具合だ。そのようなことを続けていけば、教育の質の低下をまねき学校の価値は下がるが、組織内の力関係に偏りがあるため、改善に向けた動きがなかなか起こらない。

宗教法人ならば、役員たちが信者に高額な寄付や布施を要求し、そのカネを宗教活動の充実ではなく自分たちの遊興費などに使うといった具合である。これは明らかに宗教活動の質を落とし法人の組織の価値を下げるが、役員にはそれを改善するインセンティブがない。

これらの例からわかるように、所有者のいない非営利組織でガバナンスを健全な状態に保つことはきわめて難しいのである。こうした事態を防ぐにはどうすればよいのだろうか。まず、所有者がいる株式会社では、しっかり利益を挙げることが第一である。なぜなら、所有者にとって会社が利益を出せなければ出資している意味がないからだ。よって、ガバナンスの主眼もそこにあることは間違いないだろう。もちろん、コンプライアンスも重要な視点だが、これも遵守を怠ったとき、市場から手厳しいしっぺ返しを受けることを想定してのことである。[4]

一方、非営利組織には所有者がおらず、利益配分をしないため、利益（収支差額）を最大にすることは組織の目標とはならない。また、組織の関係者にはそれぞれ目的があり、それをひとつにまとめることは困難だ。したがって、何もしないと非営利組織は方向性を失い、〝糸の切れた凧〟状態になる。その結果、力のある関係者の暴走をまねく。

こうした事態を防ぐため、多くの非営利組織は組織の方向性を示す〝理念〟を掲げている。そして、関係者すべてがその理念を共有し、それに従って行動するよう定めている。そうすれば、役員が不正をしたとしても、理念に反する行いとして他の関係者の目に留まることになる。

学校法人を例にとるならば、慶應義塾の〝独立自尊〟や早稲田大学の〝学問の独立〟といった理念はその典型といえる。福祉施設などでは、創設者の〝思い〟を理念とするところもある。日本初の知的障害児のための教育施設として1891年に設立された滝乃川学園は、創設者の石井亮一がキリスト教精神に基づく「いと小さきものに為したるは、即ち我に為したるなり（救いを求める人に手をさしのべることは、我々のなすべき務めである）」を基本理念と定め、それが障害者入所施設となった現在まで脈々と受け継がれている。

宗教法人では、教義が法人を束ねる理念といえるだろう。たとえば、浄土宗ならば〝南無阿弥陀仏〟の称名による極楽浄土での往生が基本理念であり、日蓮宗ならば法華経の持つ絶対的な力が教団の理念となる。宗派の成り立ちを考えても、カリスマ的な僧侶が革新的なアイデアを思いつき、それに共感した人々が信者となったことが、そもそもの始まりだろう。

ただ、第2章で述べたように、各宗派の歴史を詳しく見ると、釈迦はともかく、祖師の教えがそのまま引き継がれているかというと、疑問が残るところもある。教団を維持するために、時代の変化とともに、祖師の教えの解釈が変わってきていると思われる。とりわけ、葬式仏教に関しては、法事を行う檀家らも、十王信仰やそれに基づく『往生要集』の内容が正しく理解できているか定かではない。となると、仏教寺院のガバナンスがどのようになっているかについて検証の必要がある。

2　お寺のガバナンス構造

本節では、仏教界独特のガバナンス構造について詳しく説明する。その背景には江戸時代以来の宗教政策があり、現在もその影響を引きずっている。そうした構造そのままに、日本国憲法で【信教の自由】が保証されたことによって、仏教寺院のガバナンス不全が起こり、【信教の自由】が危機に立たされているという皮肉な結果をまねいている。

宗教法人の法的な位置づけ

非営利組織としての宗教法人には、さまざまな特典が与えられている。その最たるものは、法人所得ならびに財産が課税対象にならないことだろう。すなわち、どれほど収入があろうと広大な敷地を所持していようと、それが宗教活動に関わるとみなされれば課税されないのである。さらに、宗教活動には明確な定義が与えられていないため、教団が「これも宗教活動だ！」といえばそのようになってしまう。

たとえば、収益事業のカテゴリーのなかに、〝請負業〟と〝倉庫業〟というものがある。寺の住職が、檀家や葬儀社から葬儀に呼ばれ、読経をし、戒名を授け、布施をもらったとき、それが〝請負業〟ではないとどのように証明するのだろうか。また、境内にある墓に遺骨を納めて管理する見返りとして、檀家から〝護持会費〟なるものを徴収するのだが、これはトランクルームとどこが違うのだろうか。

寺サイドは、「そこにはしっかりとした信仰がある」と説明するだろうが、信仰があるかないかは寺が決めるのではなく、檀家が決めることである。寺がどんな主張を繰り広げても、檀家がサービス業のつもりで寺と付き合っていると言えば、これらはすべて収益事業として課税対象となるはずだ。

実際、寺の活動のひとつである〝ペット供養〟が、収益事業にあたるかどうかについて争われた裁判で、2008年9月、最高裁判所は「収益事業にあたる」との判断を下した。その理由として、同様のビジネスは民間の営利事業者も行っており、宗教法人独特の事業とはいえないためとされている。すなわち、ペット供養に関して、利用者は寺も民間業者も同じと判断していることが判決の根拠になっているのだ。(5)

課税対象か否かの決着を裁判でつけることが望ましいかどうかは別として、宗教活動についてはグレーゾーンが多いことも確かである。寺の拝観料は課税対象にならないが、寺を訪れる観光客に信仰心があるかどうかは不明である。逆に、先のペット供養において、寺に供養を依頼する人に信仰心がないとも言い切れない。実際、仏教経典『涅槃経』には、「一切衆生悉有仏性(すべての生きとし生けるものには仏性がある)」と書かれており、それを信じた人が寺に追善を依頼しているかもしれないからだ。

こうした曖昧さがあるにせよ、宗教法人に特典があることは事実なので、法人格を取得することのメリットは大きい。行政サイドもその点はよく理解していて、宗教団体に法人格を安易に与えないようにハードルを高くしている。その一方で、憲法20条【信教の自由】にも配慮が必要で、いたずらに取得を難しくすることも適当とはいえない。そこで、行政機関は、基本財産の保持、信者の数、宗教活動の実態などに目配りしつつ、真っ当な団体かどうか時間をかけてチェックしたうえで、宗教法人として〝認証〟している。

しかし、ここで問題となるのは、一度認証を受けてしまうと、【信教の自由】が金科玉条となって、法人としての活動を見えにくくしてしまう点だ。つまり、世間一般から見て不適切と思われる活動を行っていても、【信教の自由】を盾に外部からのチェックを拒否することもできてしまうのである。

このように、宗教法人には厳格な法的ルールを当てはめにくい。そのため、ガバナンス不全があっても外部から気づかれないまま推移し、いざ問題が発覚したときには手の施しようがない状態になりかねないのである。

仏教宗派における法人の体系

日本の仏教寺院は、法人の体系が他の宗教法人とは大きく異なっている。それがガバナンスをより困難にしている原因といえる。

文化庁『宗教年鑑 令和3年版』によれば、日本には2020年末時点で56の仏教宗派が存在し、7万6000を超える仏教系寺院がある。そして信者数は8300万人だ。もっとも、神道系などすべての宗教団体の信者数を合計すると1億8000万人になるので、ダブルカウントも甚だしい。多くの日本人が宗教を〝掛け持ち〟している実態が見えてくる。

宗教法人格を有する仏教教団は、まず包括宗教法人（以下、包括）と単位宗教法人とに大きく分けられ、さらに単位宗教法人は、単立法人（以下、単立）と被包括法人（以下、被包括）に分けられる。このうち、包括は宗教法人○○宗（△△派）という名称を持ち、そこに所属する

図3.1　宗機構の概念図（曹洞宗のケース）

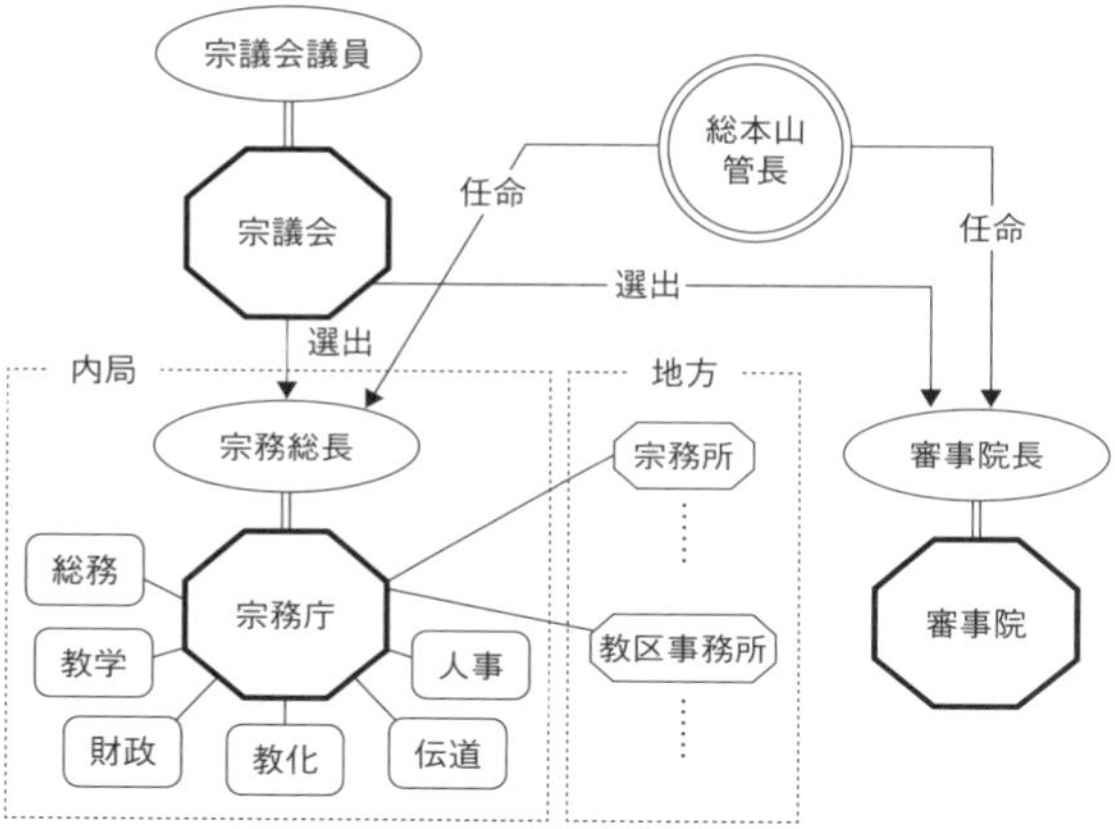

寺院が被包括である。他方、単立はどの宗派にも属さず、単独の宗教法人格を有しているところだ[6]。

包括は宗としての意思決定を行う宗議会とそれを執行する宗務庁によって構成されている。全体の構造はどの宗も概ね図3・1のような感じである[7]。この図を見ると、国家の三権分立のような美しい構造のように見えるが、実際は必ずしもそのようなものではない。

その理由は、包括と被包括の関係性にある。両者の関係は、江戸時代の本末制度にまで遡る。徳川幕府は、日本の仏教教団を管理下に置くため、本山を頂点とするピラミッド型に教団を編成し、寺社奉行がそれを統括するというしくみを作った。そして住民にはキリスト教徒ではないことの証しとして、近隣の寺の檀家になるよう義務づけた。これが現代まで続く寺請制度（俗に檀家制度）の始まりである。

明治時代になると、政府は、幕府の出先機関となっていた仏教寺院との関係を断ち切るために〝神仏判然令〟を出し、天皇を頂点とする神道によって国民を統率しようと試みた。その結果として廃仏毀釈などの仏教離れが起きたものの、江戸時代に葬式を通じて強固に結びついた寺檀関係まで壊すことはできなかった。さらに、政府は僧侶の世俗化を目論んで、明治5年に「これより僧侶は肉食、妻帯、蓄髪等をやってもよい」という太政官布告を出したため、明治以降は一部の宗派を除いて寺の住職が世襲化し、本山の人事権は失われていった。

こうした経緯からもわかるように、1951年に宗教法人法が施行されたときには、すでに江戸時代の本末制度は崩れていた。そのため、末寺についても被包括として独立した法人格を与えざるを得なかったのである。法人格を持っていれば、そこには独自のガバナンスシステムができあがるのは当然だ。包括との間には株式会社のような資本関係もなく、ただ教義の面でつながっているだけである。

つまり被包括は経営権を持つフランチャイズ加盟店のようなもので、賦課金というライセンス料を支払えば、あとは宗の教義を守って檀家や信者に向けて宗教活動ができる。そして、住職が自分の子どもに寺の跡を継がせたければ、自ら師僧となって得度（出家）させたのち、本山で僧侶資格をとらせればよいのだ。

さらに、ガバナンスの面からいえば、包括の構成員にも問題がある。それは、宗議会議員や宗務庁職員のほとんどが、被包括の住職またはその後継者によって占められているという点だ。そのような状況では、自分自身の寺の経営が第一で、包括の仕事が二の次になることは否めないだろう。また、経営状態が悪化した被包括に対して厳しい措置を講ずるべきだと考えていたとしても、任期が終わればまた地元に戻るわけなので、仲間を敵に回すことなど簡単にできるとは思えない(8)。

この曖昧な関係性は、被包括の経営が安定していれば問題なく機能する。しかし、日本経済の成長が鈍化し、出生率の低下による高齢社会の到来に加え、地方の過疎化と都市部への人口集中によって、被包括の経営は大きく揺らぎ始めたのである。

すなわち、地方では人口流出によって檀家数が減少する一方、都市部では現世利益を前面に押し出す新興宗教の攻勢で〝祈り事業〟の顧客が奪われただけでなく、低価格で明朗会計を売り物にした葬儀社が葬祭市場に食い込んで、檀家の寺離れも加速したのだ。こうした状況にあって、被包括はどうなっていくのだろうか。

3 改革待ったなしの宗教法人制度

本節では、日本社会が置かれている状況を踏まえたうえで、仏教寺院に起こっている変化について地方と都市部に分けて説明するとともに、問題の解決へ向けた私案を提示することとしたい(9)。

不活動宗教法人問題

まずは地方の被包括が抱える問題について考えてみよう。過疎化が進むと檀家の数が少なくなり、寺の収入も減少する。伽藍や墓地の管理には費用がかかるため、寺の維持は難しくなってくる。こうした寺は後継者もおらず、住職が亡くなったあとに法人格だけが残り、放置された状態となる。このようにほぼ活動の実態がなくなった宗教法人のことを〝不活動宗教法人〟と呼ぶ(10)。近年、こうした法人の数が増加傾向にある。

そうならないための方策のひとつは、同じ宗派に属する近隣の住職に法人の代表役員を引き受けてもらうことである。これは一見するとM&Aのようだが、法人格はそのままで他の寺院の代表役員が兼務するだけなので、宗教法人としては残ったままの状態である。地方ではこうしたケースが増えているが、実際のところ住職を引き受けても維持管理まで手が回らず、葬儀や法事のあるときだけ寺に行くという感じになってしまうそうだ(11)。

これがうまくいかない場合は、包括の宗務庁に届け出て、後継者を探してもらう方法もある。

しかし、檀家がほとんどいないような厳しい経営状態の寺を継ぐ人が、簡単に現れるとは思えない。そんなときの窮余の一策は、ネットなどを通じて宗教法人格を売りに出すことだ。先に述べたように、宗教法人格は取得に時間がかかるうえに、いったん取得してしまうと税制面での恩典がある。そうした恩典目当ての買い手に数百万円で売れるという。

先に述べたように、所有者がいない非営利組織は、市場で売買することができないはずである。しかし、被包括が包括との関係を解消し、単立寺院となってしまえば、もはやその後に代表役員を引き受ける人間に僧侶資格は必要ない。このように宗教法人のガバナンスの甘さをうまく利用すれば、簡単に〝経営者〟を変えることができてしまうのである。さらに、宗教活動の定義が曖昧なため、法人格を隠れ蓑にさまざまな事業を非課税で行うことができる。

これが株式会社であれば、経営が厳しくなった子会社に対して、親会社から役員を送り込んだり、出資金を増額したりして経営の立て直しを図るだろう。それでも経営改善が難しければ子会社を売却するなりして撤退を考えるはずだ。ところが、宗教法人の場合は、包括と被包括に資本関係がないため、こうした経営の改善策をとることができない。とりわけ境内に墓地がある檀家寺の場合は、檀家の了解なしに墓を移動させたり撤去したりすることは難しい。

この事態を重く見た文化庁はついに対策に乗り出した。ただし、【信教の自由】という制約があるため、行政が法人に対して安易に解散命令を出すことはできない。そこで、包括向けに

表 3.1　不活動宗教法人問題の対策事例

方策	不活動の原因	実施内容
活動再開	礼拝施設の滅失	住職に施設再建を促す
	他県の兼務住職	住職の交代 教区支援による宗務所の併設
吸収合併	過疎化による檀家の減少	他法人の合併
	住職，檀家，施設すべてなし	他法人の合併
任意解散	住職不在	残余財産を自治会に帰属
	礼拝施設なく住職不在	檀家の同意を得て解散
	施設滅失，住職と信者不在	役員の親族が解散の手続を実施
解散命令申立て	住職，檀家，施設すべてなし	廃寺状態であり法人格を抹消

『不活動宗教法人対策事例集』（以下、事例集）を作成し、開店休業状態の被包括をほったらかしにしないよう自覚を促している。

表3・1は、そこで取り上げられている事例をまとめたものである。方策としては、活動再開、吸収合併、任意解散、解散命令申立ての4種類があるが、被包括も制度上は独立した宗教法人であるため、包括が直接手をくだすのではなく、あくまで被包括の自主的な動きを支援するという形をとっている。また、関係者が誰も存在せず、法人格だけが亡霊のように残っている場合は、裁判所に対して解散命令の申立てをすることになる。

これら以外にも、この『事例集』には4つの方策によって手続きが進行中の事例も紹介されており、文化庁がこの問題をかなり深刻に受け止めている様子が窺える。そこには、宗教活動はあくま

コラム5 兼務寺院を訪ねて

日本にある地方寺院の多くは単体での経営が成り立たず、他の寺院の住職に代表役員を兼務してもらっている状況にある。こうした兼務寺院の実態を知るため、福島県の会津坂下町にある光明寺に斎藤裕慈住職を訪ねた。同住職は先代から引き継いだ分も含め14カ寺の代表役員を兼務している。

そのうちの4カ寺を案内していただくことができた。兼務寺のなかには、車で1時間30分かかるところもあるという。本務での仕事があるため、兼務先を訪ねるのは多くても月に1回程度とのことだ。田園風景が広がるなか、近隣の集落ごとに点々と寺があることに驚かされる。江戸時代の寺請制度のもと、寺が幕府の戸籍係としての役割を果たしていたことを改めて実感させられた。

実際、訪ねてみると、民家や水田に囲まれた敷地内にお堂はあるが、その外観は寺院ごとでかなり差がある。比較的きれいに管理されているところもあれば、外壁がトタンで覆われ、さび付いているところもある。この違いはどこからくるのだろう。

考えてみれば、代表役員を務めているとはいえ、ひとりの住職がすべての兼務寺を管理するのは物理的に不可能だ。時間が経過すれば、建物等に補修が必要となるだろうが、その費用をすべて一カ寺で賄うことはできない。また、住職が常駐していないことがわかれば、夜間に仏像泥棒が本堂に侵入するというリスクも生まれる。

こうした兼務寺院をうまく運営できるかどうかは、ひとえに檀家の寺に対する帰属意識の高さによる。つまり、どこまで〝自分たちのお寺〟と考えているかということだ。たとえば、本堂の外壁や屋根が傷んだり境内に雑草が茂ったりしたとき、通常の寺ならば、住職が真っ先にそれに気づき、何らかの手当を考えるだろう。しかし、兼務寺院には住職がいないため、檀家の代表を務める〝檀家総代〟がその役目を担うことになる。そして、檀家総代のリーダーシップと檀家たちの寺への帰属意識が高ければ、「このままではいけない」ということで、代表役員である本務の住職に相談にいくことになる。

ただ、斎藤住職の話では、寺によって檀家の帰属意識に温度差があるため、兼務寺院との付き合い方は一筋縄ではいかないそうだ。つまり、以前の住職との間でトラブルがあったりすると、檀家と信頼関係を構築するのに苦労するという。また、檀家総代が交代制のところは、意思疎通を図るのが難しいときもあるそうだ。

いずれにしても、兼務寺院の場合は、檀家にガバナンスの主体性があることだけは間違いない。寺の代表役員を務める僧侶は、あくまで葬儀などの法事の際に呼ばれる〝外部者〟なのである。通常、単体で運営できなくなった組織は、吸収合併や清算などの措置がとられる。ところが寺はそうはいかない。檀家の数がいかに少なくなろうと、寺院のM&Aなどと僧侶が安易に口にすることはできないのである。

で信者や教団の主体的かつ自発的な行動がベースになるべきであって、行政の介入はできる限り避けたいという意図を汲み取ることができる。その一方で、末寺をガバナンスすべき包括が、問題を深刻に受け止めようともせず何の対策も立てなければ、やがては国民の信頼を失い、信教の自由を自ら放棄することになりかねないという警告の意味もある。[12]

何でもありの生き残り策

地方寺院が檀家の減少による経営悪化で廃寺の危機にある一方、人口が集中する都市部でも寺院は危機を迎えている。それは仏教そのものの存続に関わる問題である。

都市化の特徴のひとつは、さまざまな活動が〝市場化〟されていくという点である。都市部では、生活と就労の場が分離し、高額な住居費により家族は小規模化し、情報通信網の発達で個人化が進展する。これらは人間関係を希薄化させるため、住民は各種サービスを家庭やコミュニティ内で自製するのではなく、市場で購入するようになる。

この傾向は、今まで寺院が担ってきた葬祭サービスについても例外ではない。都市で暮らす人々は、寺の住職との人間関係に頼るのではなく、その場限りで後腐れのない葬儀社とのやりとりを望むようになる。そして、葬儀や法事の際には、葬儀社と契約している見ず知らずの僧侶がやってきて、布施や戒名料も明瞭かつ安価で済む。

墓についても同様だ。境内墓地を借り受ける檀家になると、寄付やら行事やらで何かとカネがかかる。それならば、宗教色のない霊園の方が気兼ねがない。管理費さえ払っておけば、墓を守ってくれるだろう。特に、地方から都会に出て家庭を持った人にとっては、そもそも墓を新たに建てる必要性すら怪しい。カネがかかるだけでなく、のちのち子どもに維持管理の負担をかけることになるからだ。

こうした動きは都市部の零細寺院を直撃する。顧客は潜在しているものの、檀家になってはくれないからだ。そこで考え出したのが、機械式納骨堂を備えたビル型墓地の建設である。永代使用料は立地にもよるが50万～100万円程度で、年間の管理費も1万～2万円で済む。宗教法人が運営しているので住職はいるが、顧客層を広げる目的から納骨堂を借り受けるだけならあえて宗派は問わないところも多い。ビルの建設費は葬儀社が出し、納骨堂の代金から回収

コラム6

浄土真宗における不活動宗教法人対策

浄土真宗本願寺派（以下、本願寺派）の寺院活動支援部を訪ね、桂正道部長から不活動宗教法人対策についてお話を伺う機会を得た。

本願寺派は、寺院数が1万を超える日本における最大規模の教団のひとつである。そのため、活動状況の調査は5年に1度、ピラミッド型の全国組織を活用して実施される。すなわち、全国31の教区（沖縄を入れるとプラス1）にある522の組《そ》に「不活動宗教法人調査票」を配り、組長に自分の組の状況を把握するよう依頼している。そこでの調査内容は、住居人の有無、所属宗徒の有無、後継者の有無、礼拝施設の状況など多岐にわたる。

調査の目的は、〝不活動〟に該当する寺院を洗い出し、支援部において将来の見通しを検討することだ。具体的には、存続を希望する被包括であれば、施設整備のための資金貸付や助成を行い、解散が妥当とみられる被包括に対しては、解散にかかる事務費の助成や解散のための手引書の作成などの支援を行うといった具合である。

ただ、檀家を持つ宗教法人という特殊な事情ゆえの問題点もある。そのひとつは墓地の存在である。住職や檀家が存在していなくても、一基でも墓が残っていれば、その所有者を見つけ出して承認をとらない限り、法人を解散し、不動産等を処分することは難しい。手続きを円滑に進めるには、自治体の協力が欠かせないという。

もうひとつは、解散が妥当と包括が判断したとしても、被包括が宗派を抜けて〝単立寺院〟になるという選択をした場合、包括として手が打てなくなるという点だ。これに対しては、宗教法人に認証を与える自治体サイドも〝待った〟をかけることができない。なぜなら、いったん与えられた宗教法人格は、そこにどんな形にせよ宗教活動がある限り、【信教の自由】によって守られるからである。

単立寺院になってしまえば、包括の意向を気にすることなく、代表役員の住職が法人格を他者に譲り渡す見返りとして、金銭等をもらい受けることもできてしまう。これは日本相撲協会において、退職する年寄が、協会に在籍する権利である〝年寄株〟を引退した力士に譲り渡す見返りに、金銭を受け取ることときわめて似ている。株式のような組織の所有権を表すものが存在しない非営利組織では、法人格という特定の活動を行う権利が売買の対象になってしまいかねないのである。

桂部長の話では、こうした単立化が、ときに檀家の意向を無視した形で実施されることもあるという。つまり、知らないうちに単立化した寺の檀家が、今までのように本山の宗教行事に参加しようとしたとき、「あなたの寺は宗派を抜けているのでその資格がない」と言われて唖然とするといった具合である。

おそらく他の宗派も、同じような形で対策をとっていると思われるが、どれだけの効果が期待できるかは不透明と言わざるを得ない。戦後、宗教法人法を制定した際に、仏教教団における包括と被包括の関係性を曖昧にしたまま、すべての寺院に独立した宗教法人格を与えてしまったツケが今、回ってきているのである。

される。寺は管理費と法事の収入で潤うという寸法だ⒀。

これが果たして信仰を提供する法人の活動といえるのだろうか。遺骨を預かることができるという宗教法人の特権を利用し、都会の一等地にビルを建て、固定資産税や法人税を免除されたうえで、〝お墓ビジネス〟を堂々と展開しているのである。もはや宗教法人の体をなしているとは思えない。これも別の意味で〝不活動〟宗教法人といえるのではないだろうか。

宗教法人改革の私案

これまで述べてきたように、日本の仏教寺院は都市と地方で同時に崩壊が始まっている。過疎化が進んだ地方では、檀家や住職のいない廃寺同然の寺が法人格だけ残ったまま放置されている。一方、都市部では、檀家寺の頼みの綱だった葬式が葬儀社に侵食され、寺檀関係の希薄化が進んでいる。そして、生き残りをかけた都会の寺は、教義などとは無関係の納骨堂ビジネスに走っている。

文化庁の【信教の自由】を重んじる姿勢には敬意を表するが、ここで私たちが忘れてならないことは、【信教の自由】は法人ではなく国民に与えられているという点である。住職もおらず墓だけがポツンと残されたほとんど実体のない法人や、教義とはかけ離れた納骨堂ビジネスに精を出す法人は、【信教の自由】の理念に基づく宗教法人格を与えるべき存在とは思えない。

このまま手をこまねいていれば、事態は悪化の一途をたどるだろう。宗教法人格が売買の対象になっていることはもはや周知の事実であり、悪徳業者の手に渡れば営利事業の隠れ蓑として便利に使われる恐れは十分にある。また、都市部の納骨堂ビジネスについては、ニーズがある以上、関わること自体を否定するものではないが、その実体は営利事業と大差ないにもかかわらず、税制上の恩典が与えられているのは不適切だろう。

そこで、ご批判は重々承知のうえで、宗教法人改革の私案を以下に提示したい。参考にしたのは、２００８年12月に施行された「公益法人制度改革」で、その内容は、すべての財団法人と社団法人に対して、行っている事業の公益性を担保するための条件を提示し、それがクリアできたところを公益法人とし、できないところは一般法人になるというものであった。

この原則を宗教法人にあてはめるならば、①収益事業の割合、②檀信徒数、そして③外部評議員という3つの条件が適当と考えられる。そして、これらすべての条件をクリアした法人のみを公益宗教法人とし、それ以外を一般宗教法人とするという考え方だ。それぞれについて以下に説明しよう[14]。

①収益事業の割合

収益事業が50%未満の法人を公益宗教法人とする。収益事業の定義については、法人から信者に対して、葬儀や法事の際の布施に関する金額の提示があった場合は、収益事業とみなす。ただし、第1章5節で述べたようにアンカリングが必要な祈禱料に関しては、複数の料金の提示があるならばその限りではない。

葬儀社から受注した葬儀や法事等はすべて収益事業とみなす。その理由は、これらの活動には信者サイドの主体性がなく、営利企業である葬儀社にイニシアティブがある請負業にほかならないからである。

また、葬儀社や墓石店が主体となって建設する納骨堂や墓地についても、売り出しの際に〝宗派を問わず〟と宣伝すれば、そこでの活動はすべて収益事業とみなすべきである。なぜなら、教義と関係のない事業が営利企業を媒介として行われているからである。

②檀信徒数

宗教法人である以上、一定数の信者が継続的に存在することは当然のことである。ここで特に数が問題となるのは、公益の定義「広く世人を益すること」に基づいている。

これに対しては、「宗教の価値は信者数で決まるわけではない」とか「潜在的な信者数はもっと多いかもしれない」などといった反論があるかもしれない。しかし、もともと宗教法人の認証時には信者数がチェック項目になっていることに加え、信者数の多さは多くの国民に支持されていることの証拠でもあることから、公益性を担保する条件としてふさわしいと言えるだろう。

この条件を設定することには、過疎化が進む地方において、檀家数の少ない寺院を洗い出し、包括に不活動宗教法人問題への対策を促す意味もある。

③外部評議員

これは法人のガバナンス強化を目的とするものである。宗教法人法には代表役員と責任役員を置くように明示されているが、そうした役員の活動をチェックする機関の設置は義務づけられていない。このことが宗教法人のガバナンスを甘くしている最大の原因である。

確かに、宗教法人の運営には税金が投入されているわけでもなく、その活動は【信教の自由】に基づく信者の自発的なものである。しかし、第1章で述べたように、教団と信者の間に

表3.2　宗教法人改革に関する私案

	宗教活動の実施	収益事業が5割未満	一定数以上の信者	外部評議員
公益宗教法人	○	○	○	○
一般非営利宗教法人	○	○	×	×
一般営利宗教法人	○	×	×	×

は情報の非対称性があり、信仰には人間の心理的な側面が大いに関わっていることから、そこで行われている宗教活動の正当性を外部の目線によってチェックする意義はきわめて大きいと考える。

宗教団体が公益性を謳うからには、信者のみならず国民全体の理解が不可欠だろう。評議員の選出にあたっては、宗教に対して理解のある有識者など、その宗教団体と直接の利害関係にはない人たちを対象とするのが望ましいといえる。

表3・2は以上の内容をまとめたものである。ここでは一般宗教法人についても、収益事業の割合が5割を超えているか否かによって非営利と営利に分類している。そして、5割未満のところは、公益法人と同様に税の優遇措置を受けられるようにすればよいのではないか。

ここに示した公益宗教法人の条件は、認証時のものとほぼ同一であり、仮にこれを不服とする法人があるとするならば、何かやましいことをやっていると判断せざるを得ないだろう。真っ当な法人であれば、逃げも隠れもせず、堂々と胸を張って審査を受け、公益宗教法人として活動を続けていけばよいのではないだろうか。

求められる撤退のしくみ

日本が徐々に縮み始めている。その最大の原因は総人口の減少である。合計特殊出生率は1975年以降、一度も2を超えたことがない。過疎地を抱える自治体は、すでに自立的な回復力を失い、Iターン、Jターン、Uターンなどと言い始めている。ただ、総人口が減少しているのだから、ある自治体が移住による人口増加に成功しても、どこか別のところでより一層の人口減少が進むだけだ。

人口が減ってもひとり当たりの国内総生産が増えていればいいとか、これからは量より質の時代だなどという向きもある。確かにそうした側面は否定できないが、全体が縮小することのインパクトはきわめて大きい。なぜなら、人間の頭数が決定的な影響を持つ産業があるからだ。たとえば、食事は原則ひとり1日3回だけであるし、新聞、雑誌、書籍などはひとり1部あるいは1冊しか買わない。

葬式も同様だ。とある講演会で、私が「一生のうち結婚式はひとりで何度もするが葬式はひとり1回だけだから人口減少の影響をもろに受ける」と言ったところ、あるお坊さんが「先生、結婚式は2人で1回だが葬式はひとり1回だ」と反論したことがあった。なるほどそういう見方もあるが、それでも人口が減れば葬式の数が減ることは間違いない。

株式会社には撤退のしくみが備わっている。株式の売買を通じて組織の所有権を別の組織に買ってもらうことができるからだ。また、経営が悪化したときも、会社更生法や民事再生法などに基づき、会社を立ち直らせる手立てもある。株主は有限責任なので、債務に個人保証でもしていない限り、出資金以上の責任をとらされることはない。

他方、所有者のいない非営利組織では、こうした撤退のしくみがうまく機能しない。株式がないため、市場メカニズムを使って所有権を移動させることができないのは第一の理由だが、先に述べたように、非営利組織は利益ではなく理念で求心力を維持しているところなので、容易に別の組織に運営を任せることができないのである。

出生率低下の影響を最初に受ける非営利組織は学校だろう。公立であれば自治体の判断で、廃校や統合が可能だが、私立となると創設者の理念や教育方針の違いが障害となって、簡単に統合できないと思われる。そして廃校ともなれば、卒業生やその保護者が一斉に反対の声を上げるに違いない。

仏教寺院の場合は、墓地の存在がことさら問題を難しくしている。「不活動宗教法人問題」の項で述べたように、檀家のいない寺では、関係者が合意すれば任意解散の手続きはさほど難しくはないが、檀家がひとりでもいれば、墓地をどう処分するかという問題が発生する。先祖代々の墓の処分や移動を檀家が容易に認めるとは思えない。

さらに、日本には「墓地、埋葬等に関する法律」があり、勝手に遺骨を処分することが禁じられている。法律のそもそもの趣旨は、疫病などで亡くなった人の骨を散逸させると、病気がさらに広まることを懸念してのものだが、現代ではそれが檀家を寺につなぎ止める頼みの綱となっている。人質ならぬ〝墓質〟とも言われるゆえんである。

非営利組織の撤退を難しくしているもうひとつの原因は、経営が悪化したときに警鐘が鳴らされないという点だ。株式が公開されている株式会社ならば、赤字が続くと株価が下がり、株主から経営改善の圧力がかかる。ところが、非営利組織では残余利益を受け取る所有者がいないため、赤字が出ても直接被害を蒙る関係者がいない。そのため、問題が先送りにされがちで、周囲が気づいたときにはもはや取り返しのつかない状況に陥っているのである。先に引用した『事例集』にも、住職不在のまま数十年が経過していた寺や、伽藍が焼失ないし倒壊したまま長年放置されていた寺などが取り上げられており、こうなってしまっては再生はおろか統合すらできないのだ。

非営利組織のひとつである社会福祉法人については、2016年に法律が改正され、会計の適正さを監査する監事と、業務遂行の適正さを監査する監事を合わせて2名以上置くことが義務化された。ここで注目すべきは、理念をベースとしたミッションの遂行が求められている非

コラム7

浄土真宗の〝教義〟ガバナンス

社会福祉法人は、法律により会計担当監事と業務担当監事の少なくとも2名を置かなければならないことになっている。宗教法人改革私案として、宗教法人についても活動の実態に関するチェック機能を設けるべきだと述べたが、チェックの具体的な内容についてまで宗派横断的に一律に定めることは難しいだろう。なぜなら、宗派によって被包括の宗教活動の自由度にバラツキがあるからである。

そのなかでも浄土真宗は、教義に関してのガバナンスはかなり厳しいと感じられる。すなわち、〝祈らない〟という教えが隅々まで徹底されているのである。具体的には、真宗の寺の住職は、祈禱をせず、お守りやおみくじの販売もしない。葬儀でも塩はまかないし、火葬場への経路を往復で変えることもしない。また仏壇は、正面の本尊が阿弥陀如来の立像と決まっていて、脇侍《きょうじ》は向かって右に親鸞聖人、左に蓮如上人と定められている。他の宗派ではそこまでの厳格さは見られない。

もし、教義に反する行いをした場合はどうなるのだろうか。本願寺派の場合は、宗門機構のなかの〝監正局〟という部署による違反内容の調査を経たうえで、懲戒処分がくだされる。最悪の場合は、宗門離脱もあり得るという厳しいものだが、これまでそうしたケースはなかったそうだ。

真宗の教義ガバナンスが徹底されている理由のひとつとして、他宗の本山に当たる東西の本願寺住職、すなわち門主が親鸞以来の世襲であるという点が挙げられるだろう。本文でも述べたように、親鸞は浄土信仰に基づく〝絶対他力〟を説き、現世利益に頼らない真宗教義の基礎を作った。信仰の頂点に位置するカリスマ的存在の門主が、血縁によって受け継がれているということは、真宗の教義も、変わることなく継続していかなければならないことを意味する。

さらに、本願寺派の場合では、宗門組織の総理大臣にあたる総局の総長は、門主の推薦を受けた候補者のなかから、国会にあたる宗会の議員投票によって選ばれる。つまり、国家に喩えるなら、天皇が総理大臣の候補者を選び、そのなかから国会議員の投票によって総理大臣が決まるというしくみである。実際、代々門主を務める大谷家の家系図を見ると、皇族と姻戚関係にあったこともわかる。門主の威光は絶大なのだ。

宗教法人の〝教義〟は、非営利組織のガバナンスの根幹である理念に相当する。真宗の教義ガバナンスの構造は、そこを揺るがないものにするための工夫といえる。

営利組織であるがゆえに、業務遂行に関する監査も必要とされている点である。問題が深刻化する前に、まずは監事が警告を発するという意味合いがある。

宗教法人には理念の役割を果たす教義があり、組織構成員はそれに基づいた宗教活動を行っている。信者の自発的な活動が宗教団体の本来の姿だが、実質的には役員らが組織の運営業務を担っていることは間違いない。そうだとしたら、まずは信者に向けた情報公開の一環として、会計についてはもちろんのこと、活動内容についても監査が必要なのは当然だろう。現在の宗教法人法には監事を置くという規程はないが、法人自らが進んで会計ならびに業務内容に関する監事を置くことが望ましい。このような先手を打っていくことが、国民の信頼を得、結果として【信教の自由】を守ることにつながるのである。

注

（1）ハンズマン『企業所有論』を参照。
（2）非営利組織のガバナンスに関する詳しい説明は、中島隆信『こうして組織は腐敗する』を参照。
（3）Glaeser, *The Governance of Not-for-profit Organizations* を参照。
（4）経営者が損失隠しのために粉飾決算を行い、それを公認会計士が見落とす、ないし見過ごせば、株主に正しい情報が伝わらない。こうした場合、組織はガバナンス不全となる。社外取締役の役割は、こうしたガバナンス不全を防止することである。
（5）寺が遺骨を預かることができるのは、「墓地、埋葬等に関する法律」に依るところが大きい。この法律は、民間の株式会社が営利目的で火葬したあとの人骨を預かることを禁じている。この規定がペットには適用されていないことから、ペット供養が営利事業との判断につながったと考えられる。

（6）もともと宗派に属していた被包括寺院が、包括の縛りを忌避して単立化することは起こりうる。これが認められるのは、すでに被包括として独立した宗教法人格を有しているからである。

（7）浄土真宗大谷派は、1987年に総本山である京都・東本願寺の宗教法人を解散し、包括に吸収した。そして本山の本願寺は真宗本廟という名称の礼拝施設と定めた。これは宗務庁と本山を一体化させる組織改革で、包括に信仰の中心としての役割も担わせたのである。日本全体でいえば、皇居と首相官邸と役所を一緒にしたようなものと解釈できる。権限は包括に集中するものの、三権分立的な機能は弱まる。

（8）この構造は日本相撲協会と同じである。協会の意思決定機関である理事会の構成員は外部理事を除くとほぼすべて相撲部屋持ちの年寄が務めている。チェックする側とされる側が同一人物である組織においてガバナンス機能が働かないのは当然だろう。

（9）地方寺院が置かれている厳しい状況については、鵜飼秀徳『寺院消滅』に詳しい事例紹介がある。

（10）宗教法人法第81条には、宗教法人の「解散命令」として、以下に該当する場合、裁判所は、所轄庁、利害関係人もしくは検察官の請求、またはその職権で、解散を命ずることができるとしている。

1　法令に違反して、著しく公共の福祉を害すると明らかに認められる行為をしたこと。

2　宗教団体の目的を著しく逸脱した行為をしたこと又は一年以上にわたってその目的のための行為をしないこと。

3　礼拝の施設が滅失し、やむを得ない事由がないのにその滅失後二年以上にわたってその施設を備えないこと。

4　一年以上にわたって代表役員及びその代務者を欠いていること。

5　認証に関する認証書を交付した日から一年を経過している場合において、当該宗教法人について〔……〕要件を欠いていることが判明したこと。

このうち、2〜4項に該当する法人が〝不活動宗教法人〟とみなされる。

(11) ある寺の住職が別の寺の代表役員を兼務するのは企業の子会社化のようにも見えるが、資本関係が存在しない宗教法人の場合はそうではない。あくまで代表役員を兼務しているにすぎない。兼務先の寺も独立した宗教法人格を有している。したがって、備えつけが義務づけられている収支計算書も、本来であれば兼務寺院も独自に作成する必要がある。しかし、建物や墓地は別でも、住職はひとりなので、住職の活動にかかる費用を兼務寺別に按分するのはきわめて面倒な作業となる。そのため、兼務寺の多い法人の場合は、代表役員を兼務するすべての寺院の収支を合算することが認められている。

(12) 臨済宗妙心寺派は、2014年に被包括寺院に対して、ひとりの住職が複数の寺院の代表役員を兼務する〝被兼務寺院〟の実態を調査し、「被兼務寺院調査報告書」を作成した。同報告書によれば、被兼務寺院は全体の3割に及び、そのうち檀信徒ゼロの寺院が4分の1を占めることがわかった。また、現場からは「精神的にきつい」「役員のなり手がいない」「切り捨てず守ってほしい」といった切実な声も上がっている。同報告書は、事態の深刻さに鑑み、「被兼務寺院対策は喫緊の課題であり、現地調査を含めた施策の遂行が求められる」と結んでいる。

(13) 2011年、臨済宗妙心寺派のある所属寺院が、葬儀社の債務保証により銀行から融資を受け、総工費27億円の地上6階、7920基の自動搬送式納骨堂を建設した。建設費は、一基当たり72万円の永代使用料から回収され、寺は法事で潤うという寸法だ。『寺門興隆』(2011年4月号)は、葬儀社が「和尚さん、うちに任せてもらえればお寺は綺麗になるし、檀家は何倍にもなる。資金繰りやデータ管理など面倒なことは一切、うちでやります。この立地なら、あっという間に完売ですよ。建築費もすぐに返済できるし、利用者はここでお葬式できるのですからお布施もどんどん増える。法要や行事もどんどんやったらよろしい」などと住職を勧誘したと報じている。これに対し、この寺院の法類(近隣の同じ宗派に属する寺院)は、「薄利多売の墓もどきをつくろうというもので、檀家制度を破壊し宗教の否定につながる」と建設に反対し、所属寺院との間で争いになったと記事には書かれている。

(14) 以下に示す私案は、中島隆信(前掲書)166ページからの引用である。

第4章　お寺は生き残れるのか

本章の内容に入る前に、ここまでの流れを振り返っておこう。第1章では、人間が祈る理由について、行動経済学の観点から説明を試みた。続く第2章では、仏教における祈りの位置づけと日本仏教が祈りをどのように扱ってきたかについて、歴史を振り返りながら考察した。そして第3章では、非営利組織の理論を用いて宗教法人のガバナンス構造を説明し、日本の仏教寺院で起こっているガバナンス不全の問題を扱った。

本章の目的は、この3つのテーマを集約し、日本の仏教寺院が今後どうあるべきかを考えることである。祈りには人間の心理的な側面が影響していることから、世の中がどのように変わろうと祈りという行為自体がなくなることはない。そうしたニーズを仏教がどのように汲み取っていくかが生き残りの鍵になる。その際、当然のこととして教義をどう解釈し、それをどう活動に反映させていくかが問われる。

1　現世利益再考

現世利益とは、信仰を通じてこの世で得られる利益のことをいう。わざわざ〝現世〟とつけているのは、〝死〟の苦しみからの解放を説く仏教において、来世との対比が避けて通れないからである。そして、過去から未来へ延々と続く因果関係の連鎖である〝縁起〟を考えれば、現世などというものは〝無常〟のなかの一時にすぎないと考えられているからである。一方で、私たち人間は、いま生きているこの現世を楽しみたいと願う気の毒な生き物でもある。ここでは現世利益の意味を改めて考えてみたい。

現世利益はイカサマなのか

第2章で述べたように、私たちが祈るとき、神や仏など神秘性を持つ存在に何らかの〝ご利益〟を期待するのは当然である。ところが、この〝りやく〟ということばは、〝りえき〟とも読めてしまうので、信仰という側面からいえばあまり美しく響かないことも事実である。つまり、祈りが独りよがりで、その場限りの見返りを期待する狭小な視野を持った行為に見えてしまうのだ。

それゆえ、仏教界もこの用語の使い方にはかなり神経をとがらせているようで、その解釈をめぐって、これまでもさまざまな議論がなされてきた経緯がある。たとえば、余念を交えずひたすら坐る只管打坐をモットーとする曹洞宗では、祈禱を行う現場の僧侶たちのあいだで、教義と現実の乖離をどう説明するか苦慮している様子が見て取れる(1)。

ただ、現世利益を謳い文句として信者を獲得してきた新興宗教の存在を考えたとき、仏教界としては現世利益を認めるとしても、何らかの差別化を図らなければならないことも事実だろう。そのための解釈として、仏教における〝ご利益〟とは、あくまで仏の教えを信じて祈った結果としてもたらされるものであって、コスト／ベネフィットのバランスを考えた功利主義的なものではないとされている。また、宗派によっては、現世利益はあくまで正しい信仰に導くための〝方便〟であるとか、意図しない副次的な産物などと説明することもある。

このように現世利益の解釈がはっきり定まらない状況のなか、宗教学者の池上良正は、宗教において現世利益を認めるか認めないかについて、教義に照らして判断することの不毛さを指摘している。その理由としては、「「現世利益」という概念の理解それ自体が、すでに世界宗教の経典釈義のなかに深く埋め込まれている」ためだと説明する。

この指摘の意味するところは、なぜこの世に宗教が誕生したのか、そしてなぜそれが現在まで続いているのかを考えれば容易に理解できるだろう。すなわち、人間の心理として、何らかのご利益を求めて祈るという行為は避けられないとするならば、経典にどのようなことが書かれているにせよ、ご利益の存在に立ち入らなければ宗教として広まっていかないのである。これは仏教に限らず、世界の宗教に共通する原則でもある。

ただ、第1章で述べたように、祈りには心理的な要素が深く関わっていることから、そこに危険が潜んでいることも否定できない。祈りをベースにした信仰心は、祈り↓ご利益↓祈り……のループができあがることで次第に深まっていく。すると、教義に基づいた価値判断が強化され、それに反する事実があったとしても、教義に合うようにねじ曲げて解釈するようになるかもしれない。そうなってしまうと、その考えに偏りがあることを知らせようとしても、自分の誤りを認めたくないため、周囲の声に耳を傾けることもしないだろう。

だからといって現世利益的な要素を持つ宗教がすべてイカサマというわけではない。私たち自身がご利益の発生メカニズムをしっかり理解していればまったく問題はないのである。

コミットメント再考

I・リーダーとG・タナベは、日本の宗教は共通して現世利益的であるとしたうえで、それは必ずしも功利主義的なものではなく、倫理的な側面も持っていると指摘する。(2) たとえば、お札やお守りを購入することは、単純に〝何かいいこと〟が起きることを期待しているのではなく、〝いいこと〟を呼び込む〝開運〟を意図した行為だと説明する。すなわち、〝いいこと〟は努力なしに呼び込むことはできず、道徳心と宗教的儀式によってもたらされるというのである。そして、より高い金額のお守りを購入した参拝者は、より高いモラルと努力を示し、ご利益を作り出すのだという(3)。

これは、第1章で説明した祈りの効果をもたらすコミットメントにほかならない。コミットメントは、退路を断つことによって自らの行動に制約をかけることである。リーダーらが指摘しているように、お守りを買っただけで幸運が舞い込むわけではない。だが、カバンに合格祈願のお守りがぶら下がっていれば、受験生はそれを見るたびに、「サボってはダメだ」「頑張ろう」と思うだろう。車のフロントガラスにかかっている交通安全のお守りは、運転手に無謀な追い越しを思いとどまらせるに違いない。

しかもそれは金額が高いほど効果がある。第1章5節の祈禱料についての項で、アンカリングとおとり効果について説明したが、信者のなかには真ん中の金額ではなく、あえて高い祈禱料を納めようとする人もいるだろう。その理由は、より多くの祈禱料を出すことによって、コミットメントをさらに強固にしたいからである。通常の経済学の考え方に基づけば、すでに納めた祈禱料はサンクコストのはずなのだが、実際は「高いおカネを払って祈禱したのだから、もとを取らなければもったいない」という気持ちが働き、より高いモラルを持って日常生活を送ることが予想される。かくして、祈りが通じてご利益がもたらされる。

祈りによる現世利益の批判として、信仰といいながら結局は〝自分さえよければ〟という利己心の表れだとする向きもある。これも大きな間違いだ。リーダーらは〝道徳心〟が開運をもたらすと述べているが、確かに、僧侶や寺院を媒介にした祈りの内容は、社会にプラスの影響をもたらすものが多い。

詐欺師や万引き犯が、「うまく騙せますように」とか「誰にも見つかりませんように」などと願って商売繁盛の祈願をするとは思えない。1日にタバコを40本吸うへビースモーカーが、「肺がんになりませんように」と祈願するだろうか。商売繁盛の祈願をする経営者はより一層仕事に精を出し、健康祈願をする信者は暴飲暴食を控える。そして、交通安全祈願をするドライバーは、安全運転を心がける。その結果、経済活動は活発になり、医療費は削減され、交通事故は減り、社会に便益をもたらす。これこそがA・スミスのいう〝見えざる神の手〟にほかならない。

祈れない浄土真宗

祈りによる現世利益を否定する浄土真宗の教本には、祈ったからといって願いが叶うわけではなく、欲望のなかで迷い続けると書かれている。確かに、何の努力もせず、見返りだけ要求する祈りにはご利益はないどころか、むしろ苦しみを増やすだけだろう。「現世祈禱に頼らない」という教義は、釈迦の教えである少欲知足そのものといえる。

真宗では、阿弥陀仏の〝どんな人間も必ず救う〟という本願を信じさえすれば、祈る必要がなく、それでも祈るなら阿弥陀仏を信用していないとみなされる。そして真宗の定義による現世利益とは、阿弥陀仏の本願を信じたその時点で、来世での成仏が保証されることをいう。そして、そうした信徒たちを〝正定聚《しょうじょうしゅ》〟（成仏が約束された仲間）と呼び、仲間たちの集まる場所が寺なのである。

こうした教義を信者必携の『み教え』に記載するだけでなく、自身もそれを頑なに守り続ける真宗の僧侶たちは驚嘆に値する。すべてがそうだとは思えないが、少なくとも私が今までに会って話した僧侶は、こちらがあの手この手を使って、ご利益の存在を認めさせようと水を向けても、決して首を縦には振らなかった。

さまざまな宗派が、祖師の教えはさておき、積極的に祈りを取り入れていったにもかかわらず、真宗がこうした態度を崩さない〝合理的な〟理由はあるのだろうか。『み教え』には祈らない教えと書かれているが、より正確には、真宗の僧侶や信徒は祈れないのではないかと思われる。

第2章で述べたように、私たちがご利益を求めて祈る際には、何らかの神秘性に頼っていることは間違いない。コミットメント効果の観点からも、神仏を前に祈れば、自分の行動に、より強い縛りがかけられると思っているからだ。そして、それを仲介してくれるのが僧侶である。加えて、僧侶も何らかの権威や神秘性を兼ね備えていれば、〝開運〟の手助けをしてくれる存在としては心強い。

禅宗の僧侶が道場で坐禅に打ち込むことも、日蓮宗の僧侶が百日荒行で修法師の資格を得ることも、真言宗の祈禱で護摩を焚き真言を唱えることも、そしてとても人間業《わざ》とは思えない比叡山の千日回峰行も、すべて一般人とは別格の神秘性を兼ね備えるための手段だろう。それだけのことをした僧侶ゆえに私たちはコミットメントの手助けをお願いできるのだ。

しかし、真宗はそうではない。祖師の親鸞からして、〝肉食妻帯〟する破戒僧だったのである。だが、それを単なる僧侶の堕落と見るのは早計だ。親鸞は自らにまとわりつく煩悩の強さに悩み、苦しみ、その結果、それを受け入れるしかないと思ったのだろう。つまり、自分は特別な人間でも何でもない、世間一般の人々と同じ弱い人間、すなわち〝凡夫〟なのだ、そんな自分が祈りの代行などできるわけがない、在家の人たちと同様に、阿弥陀仏に救ってもらうしかない、そう考えてあえて世俗化の道を突き進んだのだ。

明治5年の太政官布告以来、僧侶の肉食妻帯は当たり前となっている。真宗の僧侶は髪の毛も剃っておらず、袈裟を着ていなければとても出家者には見えない。そのような僧侶に祈ってもらい、コミットメント効果があると誰が思うだろうか。だから正直に言うべきだ。「私は祈れない」と。[4]

2 葬式仏教の今後

葬式は、仏教寺院を成り立たせている事業の根幹である。7万以上あるお寺のなかで、葬儀と法事を取ったら何も残らないところがほとんどではないだろうか。そして、地方では過疎化による檀家の減少、都市部では葬儀社との競争激化の影響で、その葬式仏教すら危うい状況に陥っている。葬式仏教に祈りの観点からの意味づけをしなければ、早晩、寺院消滅の危機が訪れるだろう。

葬式の意味が変化した

祈禱と葬式の決定的な違いは、前者の対象者は現存しているが、後者はこの世にはいないという点である。したがって、祈禱の目的についてわざわざ定義する必要はないが、葬式については、現世の人間にとっての宗教上の意味を説明する必要がある。

これに関して、仏教界はこれまで〝追善〟ということばを用いて説明してきた。すなわち、死後、『往生要集』に描かれているような地獄に転生しないようにするため、残された者たちが善行を追加するという行為である。そして、その気持ちの表れとして、極楽浄土にいる仏陀に敬意を表して供え物をする〝供養〟をセットで行う。

この説明を聞いて、多くの檀信徒たちが納得し、仏式の葬儀や法事を行うというのであれば、ここであえてこのような問題提起をする必要はない。葬式仏教は今後も安泰だろう。しかし、現状はそう見えない。葬儀は全体的に簡略化の方向へ進んでいるようだ。花輪を並べ、大勢の弔問客を招いた〝賑賑《にぎにぎ》しい〟葬儀は影を潜め、親族のみの少人数で執り行う家族葬や、それすらもせず施設からそのまま火葬場へと直行する〝直葬〟が増えているのである。そして、必要とあれば、別れを惜しむ関係者らが後日、宗教色のない〝お別れの会〟を開くといった具合である。

こうした背景には、世の中の変化があると思われる。まずは平均寿命の延伸である。人の死を最も悲しむのは、親族はもちろんのこと、ともに同じ時代を生きた〝同士〟ではないだろうか。学生時代の同級生や会社の同僚などである。死亡年齢が高くなると、同世代の人たちも同じように高齢になっている。かなり前に現役を退き、施設に入っている人も多いだろう。すでに社会との接点が失われているのである。葬儀を開いたとしても、こうした人たちが参列することは難しいと考えられる。

もうひとつは、医学の進歩によって、慢性期疾患の発病から亡くなるまでの期間が長くなり、多くの人たちが亡くなる前に〝お別れの儀式〟を済ませているのではないかという点だ。〝終活〟ということばに代表されるように、本人がすでに死を意識してその準備に入っているということである。そして、家族など周囲の人間もそのことを理解し、受け入れているため、死後にあえて死を悼む儀式を大がかりに行う必要性は薄くなっているのではないだろうか。

この動きに拍車をかけたのが〝コロナ禍〟である。感染を防ぐために、自治体首長から発せられた〝不要不急〟の合い言葉は、本来の意義は失われていたものの惰性で続けていたことがらを洗い出すとともに、それらを止める絶好の口実を与えた。寺の住職の話では、コロナによって宗教活動への参加者は激減したものの、騒ぎが落ち着くにつれて祈禱や初詣の人出は戻ってきているという。ただ、葬儀の縮小化だけは歯止めがきかないとのことだ。これは、従来型の仏式の葬儀が〝不要不急〟だったことの証拠だろう。

恐山で学んだこと

下北半島にある霊場恐山は、古くから故人の霊が集まる場所として知られている。まさに供養という名にふさわしい場所といえる。実際に足を踏み入れてみるとわかるが、物見遊山の観光気分で訪れるところではない。あたり一面に硫黄臭が漂っているため、気軽な気持ちで訪れると、かえって気分が悪くなり、後になって〝死霊に祟られた〟などと言うのがオチである。

現在は曹洞宗の寺になっているが、本堂脇から続く霊場は、宗派の教えとはほとんど無関係の存在であることがわかる。そこには、強度の酸性土ゆえに、草も生えない荒れ地が広がっており、あちこちから火山ガスが噴き出している。至る所に小石が積み上げられ、色鮮やかなかざぐるまが、山から吹き降ろす風でカラカラと乾いた音を立てて回っている。温泉が湧き出ている場所などには、「〇〇地獄」と記された看板が立ち、別府温泉と同様に、昔の人たちは、鉱物が溶け込んだ灼熱の湧き水の出るところを、地獄に見立てていたのだろうと思わせる。

荒れ地ではあるが、各所に参拝者のための像や建物もある。地蔵菩薩像の前には原形を留めないほどさび付いた硬貨や小さな地蔵像、自然災害等で消失したのだろうか、家の表札なども置かれている。また、八角円堂という名のお堂の内部には、夥《おびただ》しい数の履き物、衣類、飲料、食物が並べられている。

地獄を思わせる荒れ地を抜けると、豊かな水をたたえた宇曽利《うそり》湖が姿を現し、目の前に極楽浜という名の砂浜が広がる。水際には、火山から流れ出たと思われる硫黄が、黄色く帯状に堆積し、死者の魂が浄化されていくさまを思い起こさせる。このように順路に従って歩いて行くと、文字どおり地獄を抜けて、極楽に生まれ変わった気分を味わうことができるのだ。

恐山を訪れると、〝供養〟の本来の意味を知ることができる。なぜなら、明確な動機を持った人たちがここを訪れているからだ。おそらく、不慮の事故、自然災害、この世に生を受けることができなかった命など、さまざまな〝浮かばれない死霊〟に対するやりきれない思いや後ろめたさを持った人たちが、死出の旅路に困らないよう、来世で楽しく暮らせるよう、かざぐるまを地面に刺し、硬貨を置き、靴や衣類や飲食物を供えるのだろう。荒涼とした地に足を踏み入れることで、参拝者は故人の霊を直接感じることができ、自らの〝彷徨える心〟を落ち着かせようとするのではないだろうか⑸。

そうした自発的な思いがあって初めて、供養という名の祈りが成立するように思われる。そうでなければ、恐山ほど不便な場所にわざわざ足を運ぶとは思えない。葬儀社が宣伝する〝お坊さん手配費用5万円〟の葬式をアルバイト感覚で引き受ける僧侶たちは、恐山に行って供養する人たちの姿を見てきてほしいものだ。

死の体験旅行

浄土真宗の僧侶である浦上哲也は、自身の寺で〝死の体験旅行〟というイベントを開催している。仏教死生観研究会のホームページによると、ホスピスのスタッフが患者の喪失感、苦しみ、悲しみを疑似体験することによって、より良い看護や介護につなげ、患者のＱＯＬを高めることを目的として始めたワークショップであり、その内容は、「自分にとって大切なものを書き出し、ファシリテーターが語るストーリーに合わせて、時には諦め、時には手放し、そして「いのち」を終える物語を味わ」うことと説明されている。

浦上は、そのワークショップを仲間の僧侶とともに体験し、強烈な印象を受けたことから、宗教者として一般の人にも広めたいと思い、自身の寺でも同様のイベントを開催するようになった。２０１３年に始めたところ多くの反響があり、以来、コロナ禍による一時的な中断はあったものの、継続的に開催している。

このイベントを続ける意味として、浦上は「私たち人間は死を恐れ、死を遠ざけて生きています。けれど、どれほど目を背けたとしても死は否応なく訪れます。そこから視線をそらして生きるのか、真正面から見つめるのか。必ずやってくるものを真摯に見つめることが、より良い生を送ることに繋がるのではないか」と述べている。

ここでのポイントは、最後の「より良い生を送る」という文言である。釈迦が出家するきっかけとなったとされる〝老病死〟のうち、最大の苦しみが〝死〟であることは多くの人が認めるところだろう。葬儀は親族など近しい人との別れであり、その苦しみを共感する機会であることは間違いないが、先に述べたような理由から、現代社会における葬式や法事は、昔からの慣習に従って実施される儀式になってしまい、死を真剣に考える機会とはいえなくなっている。

そうだとすれば、〝死〟の苦しみとの向き合い方については、浦上が行っているような疑似体験を通じて自ら考えていくしかない。そして、「大切なものを諦め手放す」という体験は、仏教の基本概念である〝無常〟を実感する方法のひとつとも考えられる。そうした体験を通じて、私たちは、苦しみの原因となっているこだわりの本質的な意味を知ることになるだろう。

3　現代における祈り

宗教である以上、仏教にも祈りがあることは当然である。そして、歴史を振り返れば明らかなように、祈りの中身は時代とともに変化してきている。仏教が苦しみからの救済を目的とするならば、秘伝のタレを継ぎ足して使っている老舗の鰻屋ならともかく、同じことを繰り返しているだけの寺院に将来はない。

現代人を救え

仏教寺院の多くが時代遅れの老舗になってしまった理由のひとつに、世襲制度があることはほぼ間違いない。これは、私が今回の執筆のための取材を通して得た実感である。なぜなら、僧侶を何人も抱える大寺院を別とすれば、世襲の僧侶の場合、若い頃はサラリーマンや教員など通常の仕事に従事し、親が高齢になったときに寺を継ぐというケースが多いからだ。つまり、寺を継ぐ頃にはすでに、「何か新しいことを始めよう」というエネルギーは残っていないのである。

　また、ある僧侶の話では、妻帯している世襲の僧侶は、寺に隣接する庫裡《くり》という場所で家族と同居しているため、何か新しいことを始めた場合、必然的に家族を巻き込むことになるのを恐れるのだという。

　たとえば、利他行の一環として社会奉仕活動を始めようと考えた住職が、ホームレスを寺に招き入れ、家庭内暴力で苦しむ人の駆け込み寺にし、虞犯《ぐはん》少年の更生を引き受け、そして刑務所からの満期出所者にとっての一時的な滞在場所にしようなどと考えたとき、当然ながら家族の同意が必要となる。まだ小さい子どものいる住職ならば、こうした活動に二の足を踏んでも不思議ではない。

　さらに、世襲の僧侶の多くは、檀家を抱える寺の住職でもある。もし、檀家が数百規模の寺ならば、型どおりのことをやっていれば定期的に葬儀や法事の依頼がくる。境内に墓を持つ檀家は、スイッチングコストの高さゆえに、他の寺に逃げることはほとんどない[6]。それならば、あえて何か新しいことを始める必要もないだろう。

　他方、在家[7]から得度し、苦労を重ねて寺を開いた僧侶は、布教に対する取り組み方が、寺に生まれ育ち、親の寺を引き継いだ世襲の僧侶とはまったく違っている。つまり、仏教寺院の今後について強い危機感を抱いているのである。それは、単なる祈禱と葬式だけでは寺が生き残れないことを身を以て知っているからだ。

仏教で四苦と言われる〝生老病死〟のうちの〝生〟は、もともと胎児が産道を通って世に出てくるときの苦しみのことを指すそうだ。だが、現代においての〝生〟は〝生きる〟ことの苦しみを意味するように思えてならない。それに対して、日本の仏教寺院はあまりに無力だったように思える。いまだに、「坐禅を通して自力で」とか、「僧侶や経文の力を借りて仏の世界に飛び込め」とか、「阿弥陀仏が祈ってくれているから安心して任せなさい」などと言うだけで、現世の苦しみを抱える一般人に、それがどこまで通じると思っているのだろうか。

私が会ったある在家出身の僧侶は、かつてビジネスマンとして働いた際、自分も含めて現代社会で生きることの苦しみに耐えかねている仲間を見た経験から、僧侶になろうと思い立ち、今では布教を目的とした寺院で、多くの人たちの苦しみと向き合う日々を送っている。

また、檀家ゼロの状態から寺を引き継いだ在家出身の僧侶は、まずは参拝者一人ひとりの話を傾聴するところからスタートし、熱心な布教活動を行った結果、檀家を増やし、今では立派な構えの寺を運営するに至っている。

そして、内地の在家から、得度して沖縄で寺を開いた僧侶は、現世利益志向の強い沖縄の人たちの心を巧みにつかんで地元に溶け込み、今では正月の初詣に数え切れないほどの住民が訪れるという。

ただ残念なのは、〝死の体験旅行〟を開催する浦上をはじめ、在家から寺の住職になった僧侶の多くが、さまざまな努力をして寺を知ってもらい、信徒に寺に来てもらうことはできたとしても、それだけでは寺の経営は成り立たない、と言っていることだ。祈禱を熱心に行う寺も、祈禱料のみで生計を立てるのは難しく、葬儀の依頼を引き受けたり、省スペースの納骨堂を建てたりしている。

皮肉なことに、寺が現代人を救うためには、あまり文句も言わず、葬儀や法事で布施を納めてくれる檀家という〝プレミアム会員〟が必要なのである。

人生のコミットメントに関わる

人生には多くの節目があり、そのたびに私たちは儀式を行う。第1章6節と本章1節で述べたように、宗教上の儀式にはコミットメントの意味があり、儀式で祈ることにより行動が改善し、必然的にご利益が生まれやすくなる。

大乗仏教において奨励される〝利他行〟は、自分だけが救われるのではなく、他者にも救いの手を差し伸べることを意味する。そして、現世利益を求めての祈りは、利己的な利益追求なのではなく、自分の行動改善を通じて、社会にとっても便益をもたらすことにつながる。仏教界は、教えのなかにこうしたメカニズムが内在していることを、なぜもっと世間に知ってもらおうとしないのだろうか。経済学を専攻する人間のひとりとして、理解に苦しむところである。祈りは決して迷信でもまやかしでもない。自分の行動を変えようとする決意の表れである。さほど信仰心が強いようには見えない若いカップルが、寺社への初詣をするのはなぜだろうか。それはこの1年、2人がともに幸せな時間を過ごそうという決意表明と解釈するのが自然だろう。

成人式に宗教色がないのは残念なことだ。自治体主催なので仕方がないのだろうが、成人式こそ、今後は責任ある〝成人〟として行動するというコミットメントの機会でなければならない。自治体の首長など政治家を前に誓ったところで、どれほどのコミットメント効果があるだろうか。

最近は、結婚式を寺で行うカップルも増えてきてはいるが、今後は、銀婚式や金婚式も祈禱寺で開いてはどうだろうか。なかでも銀婚式は特に重要な意味を持つ。結婚して25年も経つと、子どもは成人し、夫婦2人の時間を過ごす機会が増えてくる。子どもがいたために意識してこなかった価値観のズレや、長年にわたって蓄積されてきた配偶者に対する不満が一気に表面化してくるのである。そのような微妙な時期に、コミットメントのやり直しをするのが銀婚式の意味ではないだろうか。

仏教の歴史を振り返れば、祈りを通じて衆生を救おうと数多くの祖師たちが知恵を絞り、苦難に立ち向かってきたことがわかる。科学が進歩し、さまざまな問題を解決するための手段が用意されている現代にあっても、その状況にふさわしい祈りと救いがあるはずだ。僧侶たるもの、その存在意義を忘れてはならない。

注

（1）たとえば、「曹洞宗の場合には、純一無雑の正法禅を志向したとされる祖師道元像と、その後の教団形成のなかで死者供養や祈禱に積極的に展開した宗派の現実との乖離があまりに大きかったために、その現世利益批判も、一方で足下の現実をやや自嘲気味に弁護しつつ、他方で祖師の理念を高く宣揚するという、かなり屈折した理論操作を強いられることになっている」（池上良正「現世利益と世界宗教」より）や、「坐禅こそが道元禅師の教えの第一義諦であって、祈祷はじめ前述の他の要素は第二義的なものであるという（中略）考え方は、（中略）宗門一般の坐禅と祈祷に対するイメージにおいては、いまだ根強いものがあるようです。その結果、宗門僧侶として祈祷儀礼を執行する場合、積極的な主体性を確立できないでいる場合があります」（佐藤俊晃「祈祷儀礼」、曹洞宗総合研究センター編『僧侶 その役割と課題』所収）などを参照。

（2）Reader, I. and G.J. Tanabe, *Practically Religious: Worldly Benefits and the Common Religion of Japan.*

（3）前掲（2）p.187.

（4）私の友人である真宗のお坊さんは、寺を訪れる信徒たちに「祈ってもいいよ、だけど願いは叶わないよ」と言っている。それでも近隣の多くの人たちがお参りに訪れるという。

（5）恐山菩提寺院代の南直哉は、その著書のなかで、仏教は「死者を弔うための器」だと述べている。すなわち、現世に残された者たちの「思いを汲む」場所を仏教が提供しているという意味である。南直哉『恐山』１８０ぺージ。

（6）墓を移動させるには、墓石の運搬という物理的な費用に加え、僧侶による特別な仏事が必要となり、その金銭的な負担は重くなる。また、住職から嫌みのひとつも言われるという苦痛も味わわなければならないだろう。

（7）一般の仏教信者のことを在家（信者）といい、師僧について出家することを得度という。寺に生まれた子どもの場合、直ちに出家することはないが、通常は在家とは呼ばない。

おわりに

2020年からのコロナ禍は、私にとって大きな試練となった。講義はオンラインとなり、依頼されていた講演はすべてキャンセルされ、スタートしたばかりの研究は、行政からの外出自粛要請を理由に取材が思うに任せず、中断を余儀なくされた。その真っ最中に父が亡くなり、大学から任された仕事も力不足でうまく進まず、私は苦境に立たされた。一時は、生きていくのが嫌になるほど追い詰められた状態だったが、家族や仲間の支えもあって、何とか持ちこたえることができた。それでも本調子にはなかなか戻らない日々が続いた。

そんなときにふと目に留まったのが、知人の僧侶からいつも送られてくる『寺報』だった。そこには「苦しみは自らが作り出すこと」と書かれていた。望ましくないことや避けたいことが次々と降りかかれば、置かれた境遇を恨み嘆くのは当然だと思う。ただ、それを〝苦しい〟と思うかどうかは本人の受け止め方なのかもしれない。

そこで、これまで自分が手がけてきた仕事のなかから、2005年に出版した『お寺の経済学』を手に取り、改めて読み返してみた。仏教は、衆生を苦しみから救うための教えである。

ならばもう一度、それを勉強し直してみようと思ったのだ。

思い返せば、そうした考えに至るきっかけはあった。コロナ騒動が始まる直前の2020年2月、私は成田山新勝寺に招かれて「祈禱寺院の経済学」というタイトルで講演を行った。それまで「お寺の経済学」をテーマとする講演依頼は幾度かあったが、いずれも檀家寺の住職の集まりで、経済学的な視点からお寺の経営や将来性などを話す内容だった。しかし、新勝寺からの依頼は、〝祈禱〟の経済学的な意味を説明し、祈禱寺の住職たちの指針になるような話をしてほしい、というものだった。

この新勝寺からの依頼は、私には好都合だった。なぜなら、ちょうどその前に、慶應義塾大学の通信教育課程で学ぶ学生から卒業論文指導の依頼を受けており、彼は新潟県にある祈禱寺の住職だったのである。その寺には檀家がおらず、信者から依頼された祈禱を中心に寺を運営していた。その学生（といっても中年のオジサンなのだが）は、自分の寺の活動を卒論のテーマにしたいとの希望だったので、必然的に〝祈り〟を経済学的に考えるという方向性になった。

2022年に入り、私はこのテーマでの研究を自分が立ち直るチャンスにしたいと考えた。幸いにも、その頃には、コロナに対する過剰ともいえる反応は影を潜め、大学の対面講義も復活し、キャンパスには活気が戻ってきていた。講義での学生とのやりとりは、私にとって大きな励ましとなった。かつて『お寺の経済学』の執筆のため、全国のお寺を訪問したときの情熱が戻ってきたのだ。

早速、新勝寺と連絡をとり、宗派に属する祈禱寺の紹介をお願いした。合わせて、かつて取材のために訪ねたお寺や、講演の際に名刺交換をさせていただいた僧侶の方々に再度コンタクトをとり、面談のご許可をいただくことができた。沖縄の寺院訪問は18年ぶりだったので、その変わりように驚いたが、当方も、前回よりは多少なりとも仏教の理解が進んだので、充実した時間を過ごすことができた。

今回の本は、前著と趣きを変え、〝祈り〟を中心に扱った内容となっている。そのため、仏教における祈りの意味を理解する必要があり、素人の私にとっては、かなり難しいテーマとなった。しかし、さまざまな著作や論文を読んでみると、このテーマは、仏教教団に属する現役の僧侶はもとより、仏教研究に携わる学者の方々にとっても、重要な課題であることがわかってきた。特に、祖師の教えや説法と、寺院における僧侶としての仕事とのギャップに悩む僧侶の姿はとても新鮮だった。そして、在家から僧侶になり、アグレッシブに布教に取り組まれている方々の姿に、仏教再生へ向けた希望の光が見えたと同時に、その熱意には頭が下がった。

本研究を進めるにあたっては、多くの方々のお世話になっている。新勝寺教学課長の福田照塔先生には、宗派に所属するお寺をご紹介いただいた。曹洞宗総合研究センターの関水博道先生は、現世利益に関する研究論文と著書を教えてくださった。臨済宗妙心寺の堀尾行覚先生には、修行道場で雲衲の方とお話しする貴重な機会をいただいた。浦添本願寺の中岡順忍先生からは、沖縄のお寺事情についてお話を伺うことができた。ここに深くお礼を申し上げたい。

私の菩提寺の住職でもある本多将敬先生は、寺を訪れるたびに私のとりとめのない話を熱心に聞いてくださる。その本多先生のご友人でもある大正大学教授の林田康順先生からは、私の研究内容に関して貴重なアドバイスを頂戴することができた。尊い仏縁に感謝である。

沖縄の寺院訪問に際しては、赤嶺奈織実さんと船谷博生さんを煩わせた。そして、医師の河原仁志先生には、恐山訪問に際して、医学の観点から貴重なお話を伺うことができた。ご助力をありがたく思うと同時に、お世話になった方すべてのお名前を挙げきれないことに対し、心よりお詫び申し上げる。

何分にも素人ゆえに、不躾な内容も多々あったかと思う。この点については反省しきりだが、もし内容に誤りがあったとするならば、それは取材にご協力くださった方々ではなく、ひとえに私の理解不足と未熟さによるものとお断りをしておきたい。

なお、取材のための出張費は、慶應義塾大学学事振興資金の世話になった。記して感謝申し上げる。

2023年2月

中島隆信

参考文献

【行動経済学／心理学関連】

アリエリー、ダン『予想どおりに不合理』熊谷淳子訳、ハヤカワ文庫ＮＦ、２０１３年。

アリエリー、ダン『ずる』櫻井祐子訳、ハヤカワ文庫ＮＦ、２０１４年。

アリエリー、ダン『不合理だからうまくいく』櫻井祐子訳、ハヤカワ文庫ＮＦ、２０１４年。

アリエリー、ダン／クライスラー、ジェフ『アリエリー教授の「行動経済学」入門 お金篇』櫻井祐子訳、早川書房、２０１８年。

池田新介『自滅する選択』東洋経済新報社、２０１２年。

岩澤誠一郎『行動経済学』ディスカヴァー・トゥエンティワン、２０２０年。

ヴィンター、エヤル『愛と怒りの行動経済学』青木創訳、早川書房、２０１７年。

大竹文雄『行動経済学の使い方』岩波新書、２０１９年。

大竹文雄・平井啓編著『医療現場の行動経済学』東洋経済新報社、２０１８年。

岡田尊司『マインド・コントロール』（増補改訂版）文春新書、２０１６年。

カーネマン、ダニエル『ファスト＆スロー』（上・下）村井章子訳、ハヤカワ文庫ＮＦ、２０１４年。

サイド、マシュー『失敗の科学』有枝春訳、ディスカヴァー・トゥエンティワン、２０１６年。

サンスティーン、キャス『ナッジで、人を動かす』田総恵子訳、ＮＴＴ出版、２０２０年。

サンデル、マイケル『それをお金で買いますか』鬼澤忍訳、早川書房、２０１２年。

情報文化研究所著／高橋昌一郎監修『情報を正しく選択するための認知バイアス事典』フォレスト出版、２０２１年。

セイラー、リチャード『行動経済学の逆襲』遠藤真美訳、早川書房、２０１６年。

セイラー、リチャード／サンスティーン、キャス『実践行動経済学』遠藤真美訳、日経ＢＰ社、２００９年。

筒井義郎・山根承子『図解雑学 行動経済学』ナツメ社、2012年。

中島亮太郎『ビジネスデザインのための行動経済学ノート』翔泳社、2021年。

西田公昭『まさか自分が…そんな人ほど騙される』パンドラ新書、2005年。

箱田裕司ほか『認知心理学』有斐閣、2010年。

橋本之克『スゴい！ 行動経済学』総合法令出版、2020年。

バデリー、ミシェル『行動経済学』（エッセンシャル版）土方奈美訳、ハヤカワ文庫NF、2021年。

福澤諭吉『新訂 福翁自伝』岩波文庫、1978年。


【宗教関連】


阿満利麿『法然の衝撃』ちくま学芸文庫、2005年。

有元裕美子『スピリチュアル市場の研究』東洋経済新報社、2011年。

池上良正「現世利益と世界宗教」、池上良正ほか編『岩波講座 宗教 2 宗教への視座』167―192ページ、2004年。

入井善樹『もう一方の「ポスト・モダン親鸞論」1 ゆがめられた親鸞教学』国書刊行会、1995年。

入井善樹『もう一方の「ポスト・モダン親鸞論」2 親鸞念仏の可能性』国書刊行会、1995年。

植木雅俊『100分 de 名著 法華経』（NHKテキスト）NHK出版、2019年。

ヴェーバー、マックス『プロテスタンティズムの倫理と資本主義の精神』大塚久雄訳、岩波文庫、1989年。

鵜飼秀徳『寺院消滅』日経BP社、2015年。

大西克明「宗教的行為の重層関係――現世利益とその宗教的合理化を巡って」『東洋哲学研究所紀要』第23号、149―174ページ、2007年。

大橋俊雄「浄土宗における現世利益の系譜」『佛教文化研究』第14号、15―24ページ、1968年。

大村哲夫「仏に代わって祈りを聞くカミガミ――禅宗寺院における自力と他力、祈祷の構造」『東北宗教学』第2号、

25―50ページ、２００６年。

架神恭介・辰巳一世『完全教祖マニュアル』ちくま新書、２００９年。

加藤隆『１００分de名著　旧約聖書』（ＮＨＫテレビテキスト）ＮＨＫ出版、２０１４年。

空海『三教指帰』加藤純隆・加藤精一訳、角川ソフィア文庫、２００７年。

源信『往生要集』川崎庸之ほか訳、講談社学術文庫、２０１８年。

佐々木乾三「現世利益の現代的意義」『真宗研究』第12号、72―80ページ、１９６７年。

佐々木宏幹『聖と呪力の人類学』講談社学術文庫、１９９６年。

佐々木宏幹『仏力』春秋社、２００４年。

佐々木閑『１００分de名著　集中講義 大乗仏教』（別冊ＮＨＫ）ＮＨＫ出版、２０１７年。

佐藤俊晃「「白山」の位相――曹洞宗教団史研究の一試考」『駒澤大学佛教学部論集』第19号、３４３―３５９ページ、１９８８年。

佐藤弘夫『日蓮「立正安国論」』講談社学術文庫、２００８年。

司馬遼太郎『空海の風景』（上・下）中公文庫、１９７８年。

清水邦彦「中世臨済宗の地蔵信仰」『印度學佛教學研究』第45巻第2号、６３７―６３９ページ、１９９７年。

浄土真宗必携編集委員会『浄土真宗　必携　み教えと歩む』本願寺出版社、２０１２年。

曹洞宗総合研究センター編『僧侶　その役割と課題』２００８年。

高橋昌彦「法洲述『講説大意』にみられる祈禱念仏批判について」『大正大学大学院研究論集』第37号、21―29ページ、２０１３年。

竹中智泰「禅宗における祈祷の歴史」『禅文化』第２５１号、29―42ページ、２０１９年。

田中日常『日蓮宗行法の研究』国書刊行会、２００５年。

圭室諦成『葬式仏教』大法輪閣、１９６３年。

藤堂恭俊「念仏の利益――現世において受ける変・転の妙味」『教化研究』第4号、1―18ページ、１９９３年。

ドーキンス、リチャード『神は妄想である』垂水雄二訳、早川書房、2007年。

中島隆信『お寺の経済学』東洋経済新報社、2005年。

中村公一『一番大吉！ おみくじのフォークロア』大修館書店、1999年。

中村元『往生要集を読む』講談社学術文庫、2013年。

西岡秀爾「スピリチュアルケアにおける祈りの諸相」『曹洞宗総合研究センター学術大会紀要』第13号、419―424ページ、2012年。

林田康順「法然上人における〈祈り〉について――新型コロナウィルス感染症を視座にいれて」『布教羅針盤』浄土宗、22―70ページ、2022年。

バロー、ロバート／マックリアリー、レイチェル『宗教の経済学』田中健彦訳、慶應義塾大学出版会、2021年。

ひろさちや『仏教の歴史』第1-10巻、春秋社、1997年。

ひろさちや監修『仏教早わかり百科』主婦と生活社、1999年。

文化庁編『宗教年鑑 令和3年版』、2021年。

文化庁文化部宗務課『不活動宗教法人対策事例集（包括宗教法人用資料）』2009年。

方献洲「日本における仏教文化の展開と受容について」『天理大学学報』第55巻第2号、123―138ページ、2004年。

蓬茨祖運『現世利益和讃』（聖典シリーズ）真宗大谷派宗務所出版部、1984年。

法然『一百四十五箇条問答』石上善應訳、ちくま学芸文庫、2017年。

法然『選択本願念仏集』阿満利麿訳、角川ソフィア文庫、2007年。

堀一郎『我が国民間信仰史の研究(二) 宗教史編』東京創元社、1953年。

正木晃『現代語訳 理趣経』角川ソフィア文庫、2019年。

町田宗鳳『法然』法蔵館、1997年。

町田宗鳳『法然対明恵』講談社選書メチエ、1998年。

松井昭典「曹洞禅の伝播過程における祈禱観の変遷について――初期教団と神祇との交渉を中心として」『印度學佛教學研究』第17巻第2号、３４５―３４８ページ、１９６９年。

南直哉『恐山』新潮新書、２０１２年。

峰岸秀哉「曹洞宗に於ける祈禱の系譜とその実態についての一考察――曹洞宗伝道史研究序説（その二）」『印度學佛教學研究』第21巻第2号、１８６―１８７ページ、１９７３年。

宮崎英修『日蓮宗の祈禱法』平楽寺書店、１９８０年。

村上聖尚「永平寺三代相論について」『駒澤史学』第16号、59―80ページ、１９６９年。

山岡隆晃「大雄山最乗寺における仏教的複合について」『宗教研究』第２５８号、１１５―１３６ページ、１９８３年。

吉川英治『親鸞』（全3巻、吉川英治歴史時代文庫）講談社、１９９０年。

Iannaccone, L.R., "Introduction to the Economics of Religion", *Journal of Economic Literature*, Vol.36, No.3, pp.1465-1496, 1998.

Reader, I. and G.J. Tanabe, *Practically Religious: Worldly Benefits and the Common Religion of Japan*, University of Hawaii Press, 1998.

Smith, A., *Wealth of Nations: Kindle Edition* (English Edition) Kindle版, 2022.

【ガバナンス関連】


中島隆信『こうして組織は腐敗する』中公新書ラクレ、２０１３年。

ハンズマン、ヘンリー『企業所有論』米山高生訳、慶應義塾大学出版会、２０１９年。

Glaeser, E.L. (ed.), *The Governance of Not-for-profit Organizations*, University of Chicago Press, 2003.

【著者紹介】
中島隆信（なかじま　たかのぶ）
慶應義塾大学商学部教授。1960年生まれ。慶應義塾大学大学院経済学研究科後期博士課程単位取得退学。博士（商学）。専門は応用経済学。著書に、『新版 障害者の経済学』（東洋経済新報社）、『経済学ではこう考える』（慶應義塾大学出版会）、『高校野球の経済学』（東洋経済新報社）、『お寺の経済学』（東洋経済新報社）、『大相撲の経済学』（東洋経済新報社）など。

お寺の行動経済学

2023年4月20日発行

著　者――中島隆信
発行者――田北浩章
発行所――東洋経済新報社
〒103-8345　東京都中央区日本橋本石町 1-2-1
電話＝東洋経済コールセンター　03(6386)1040
https://toyokeizai.net/

装　丁…………橋爪朋世
D T P…………キャップス
印刷・製本……丸井工文社
編集協力………島村裕子
編集担当………矢作知子
　ISBN 978-4-492-31548-4